JN312872

心理臨床の奥行き

新曜社

まえがき

帝塚山学院大学大学院《公開カウンセリング講座》も第三回を終えた。今までの講座の内容はこういう形で書物になり、講座ともども大方のご好評を頂いている。本当に有難いことと思っている。

それには何といっても、河合隼雄先生のお力添えが大きく、深く感謝している。河合先生には本学大学院の臨床心理学コース発足の始まりからいろいろとご配慮いただき、この公開講座についても大変な乗り気で、あとで本の形にしたいという申し出も快諾してくださり、三回といわず五回でも六回でもやれるだけやりなさい、と励ましていただいた。しかし皆さんご承知のように河合先生は病いを得られ、今までのようなお力を頂けなくなってしまった。そのためしばらくはこの講座を続けることができない。せっかく機運の盛り上がった時点での中断は先生に対しても申し訳なく思っているが、河合隼雄先生あっての講座という思いが強かっただけに、今のところ継続する意欲が湧いてこない。いつかもっと若い人たちが、何らかの形で復活させてくれることを期待している。

なお、そのような事情で、今回の河合隼雄先生の章の校正では、先生のご子息、京都大学の河合俊雄教授のお手を煩わすことになった。いつも隼雄先生ご自身が入念に推敲・校閲してくださっていたところを、今回はわれわれの手で、という考えもあったが、せめて俊雄先生のご意向だけでも伺いたいとお願いしたところ、快く引き受けてくださった。こころより感謝したい。

今回の第三巻の河合隼雄先生以外の講師は、帝塚山学院大学大学院研究科科長の大塚義孝と、心理教育相談センター長の氏原寛、大学院非常勤講師として前年度の集中講義をお引き受けくださった山中康裕先生と田嶌誠一先生である。例年どおり本学院関係者だけの企画であった。なお、今までに話していただいた方は、一丸藤太郎、成田善弘、藤原勝紀の諸先生である。他にも話してほしい先生方が何人かおられ、それとなくご内諾めいたものもいただいていたのだが、とりあえずご破算になった。申し訳ないと同時に残念である。

いま改めて今回の河合隼雄先生の章を読ませていただくと、軽妙でわかりやすい語り口は相変わらずなのだが、その背後にカウンセラーとしてのとてつもない奥行きと広がりがあるのが感じられ、読む者を包み込むような迫力に圧倒されそうな思いになる。カウンセリングに関するあらゆることを、これだけ難しくも易しくも語りうる人が今後現れるだろうか、とさえ思う。まだまだ教えていただきたいことがある。河合先生もまた、話しておきたいことが沢山おありだと思う。『あぁ、えらい目にあった』と笑いながら駄洒落を飛ばしてのお話を聴ける日の来ることをこころから祈っている。

おわりに、新曜社の津田敏之氏にはいろいろお世話になった。最初の企画から出版に至るまで、いつもながらの丁寧な気配りに甘え、ずいぶん迷惑もかけた。厚くお礼申し上げる。

平成十九年　七月十一日

氏原　寛

目次

初回面接について

河合隼雄 1

どんなことでも話せる人
時間の余裕と気持の余裕
話にどう入ってゆくか
見立てについて
こころの課題を見すえて
わたし自身の物語を生きる
初回にあらわれるもの

子どもたちのこころの現状と未来

一九九七年・神戸
普遍的無意識という視点
文化の変容とこころの変容

山中康裕 45

現代社会と子どもたちの悩み

少年犯罪に見る現実
子どもたちの変化
背景にある社会の変化
変化するなかでのカウンセリング
ネットワーク活用型の援助

田嶌誠一 67

こころの裏と表 Ⅲ

氏原　寛

原因さがしの落とし穴
現場で生きる臨床心理学
遊べることの大切さ
子どもを見守る眼差し
つまずきからの成長
自立と依存
仲間意識について
老いについて
個人意識の誕生
永遠の少年

臨床心理学の固有像

ふたつのパラダイム
プロフェッショナルな課題
固有のスタンス
ふたつのバージョンの視点から
固有の研究法
すべてに意味がある

大塚 義孝

装丁　上野かおる

初回面接について

河合隼雄

今回は初回面接について考えましょう。

初回面接とは文字どおり、クライエントに一番最初に会うときのことで、非常に大事な問題です。つまり「どんなふうに会うのか」「どんな話をするのか」「どんなことを考えるのか」——これは、その後の面接全体を左右するくらい大事なことです。

初回面接にも二つあって、クライエントのことが何にもわからずに会う場合と、ある程度わかったうえでお会いする場合があります。

たとえば紹介する人が「このクライエントは、高校時代から校内暴力をしたり喫煙やシンナーを吸って大変なので、なんとかお願いします」「学校に全然行かない子なのでよろしくお願いします」などとあらかじめ伝えていてくれて、そうした内容をこちらが先に知っている場合があります。

また、このごろの機関では、最初に相談に来られたときに、いろいろと書類に記入してもらいます。そこに「なぜ、ここに来たのか」を記入する欄もあり、「自分の性格を変えたい」とか「他人と話ができるようになりたい」とか、いろいろなことが書かれているわけです。

だから、こちらもある程度そうした内容を知っていて、「こういう人が来るだろう」と思っているのですが、カウンセリングで何といっても大事なのは、なるべくこちらが固定観念をもって相手と会わないことです。「固定観念をまったく持つな」といわれても、そんなことは人間には不可能です。何かを思うのは当然です。「非行少年で悪いことばかりしている」という人が来ると聞くと、「えっ、どんな人が来るんだろう」と思うのは当然ですが、そういうことも思いながら、なるべく固定観念がないかたちでお会いする態度をもたなければなりません。

どんなことでも話せる人

これは初回面接というよりはカウンセリング全体についていえることですが、カウンセリングで非常に大切なのは、来られたクライエントとカウンセラーの関係です。関係が出来てくるからこそ、話ができる。その関係とは、普通にいうような「親しい関係」とか「良い関係」という意味ではなく、「どんな話をしても大丈夫な人だ」「どんな話でもできそうな人だ」という関係です。これはなかなか難しく、一朝一夕にはできませんが、カウンセラーならば、そういう人間になろうと努力をしなければいけません。

私はそういう人間になろうとして、とても努力してきました。クライエントがやって来て『こんにちは、どうぞ』と言った途端、その人が私に話がしたくなってくる。他人にあまり言っていないことでも、「この人なら話せる」と感じて話してくれる、そういう人間に、私たちはなっていかなければいけません。カウンセラーとはそういう専門家なのであり、その意味では、普通の専門家とは違うのです。普通の専門家ならば専門知識や技術が問われるのですが、私たちはそれを超えて、「この人ならばどんな話をしても大丈夫」と思える人にならなければいけません。もちろん最初からそうはなれませんが、固定観念をなるべくもたず、どんな人が来ても受け入れて会うことが大切です。

いまはしていませんが、私は若い頃、工夫をしていました。クライエントとカウンセラーのあいだに机を置くのです。なかには、あいだに何も置かずに会っている人もいるようですが、それは少ないですし、そうすると逆に話しづらいのではないでしょうか。だから机を置くのですが、それも、いかめしいものは困ります。もっとも悪いのは、カウンセラーとクライエントで椅子が違うことです。カウンセラーは上等な椅子に座り、クライエントは丸椅子に座る、というように。

私は昔よく、丸いテーブルを使っていました。丸テーブルに椅子が四つある。座るとき、クライエントは私の真向かいに座ってもよいし、右に座ってもよいし、左に座ってもよい。そうすると、たとえば中学生や高校生は、真向かいに座らず横に座ったほうが話しやすいようです。いまはそのような小道具は使っていませんが、若い頃はそうしていました。皆さんも自分なりにいろいろと考えてください。人によって、真向かいに座ったほうがよい人と、少しずれて座ったほうがよい人がいます。これも人によって違い、どれが一番ということはありません。皆さん、自分の方法で考えてください。

時間の余裕と気持の余裕

カウンセリングでは普通、五〇分とか一時間というように時間を決めて会うわけですが、初回面接の場合、私は必ずもう一時間空けています。なぜなら、何が起きるかわからないからです。もっとも極端な場合、入って十分して『もう死ぬ』と言う人がいます。『わたしはもう死にます。決めているんです。それだけを言いに河合先生のところへ来ました』と言う人に、いろいろと喋ってもらって『五十分経ちました。では、お帰りください』とは言えないでしょう。そのときに「五十分で終わらないといけない」と思っていると、こちらが苛々してくるのです。落ち着きを失うことは絶対にいけません。

私は学生相談をしていた頃、ものすごい失敗をしたことがあります。当時、私は大学の先生をしながら週に二十三時間カウンセリングを行っていました。そのうえ本も書いていましたから、どれだけの忙しさかはおわかりでしょう。ある学生の相談を受けたのですが、普通ならば一時間余裕をもつのですが、学生相談で特に問題もなさそうだし、時間の余裕がなかったため、その学生相談のすぐ後にタクシーに乗って、講演に行くスケジュールを立てていました。

その学生がやって来て『寮の友人関係で相談に来ました』と言うので聞いていると、だんだん深刻になってきて、『わたしは自殺しようと決めています』と言うのです。『なんとか思い留まってほしい。いまから一時間経ったらよそへ行かなければいけません。明日、必ず会うから、それまで思い留まってほしい』『いや、わたしは決心していますから、どうしてもダメです。今晩死んで、明日の新聞に載ります』という話になっていくのです。

いま考えれば、「これからどこかへ行かなければいけない」と言えば、その人も余計に「死ぬ」と言いたくなるのではないでしょうか。じっくり構えて二時間も聞いていれば、思い留まるかもしれませんが、「明日まで待ってくれ」と言われれば、誰でも「そこまで待てるか」と思うでしょう。そういう気持がはたらいて、余計に「死にます」と言いたくなったのではないか、といまでは思います。けれどもそのときは大変でした。講演会に集まっている人を待たそうか……、それともこの人の話を聞いていようか……、急行電車は何があるだろうか……、そんなことばかりが頭によぎりますから、そのクライエントの話もあまり耳に入らないわけです。

そこで私は『あなたが「死ぬ」と言うのならば放っておけない。寮の先生に連絡する』と言いました。向こうは「勝手にするがいい」という感じのことを言って帰りましたので、私はすぐに寮の先生に電話をして、事情を話して、タクシーに乗って講演会に行きました。

しかし、これも下手なのです。寮の先生の気持になってください。カウンセラーの先生から急に電話がかかってきて、じっくりとした事情説明もなしに「おたくの子が死ぬと言っています。よろしくお願いします」といきなり言われたらどうなるか。その先生はどうしたかというと、同室の学生全員を集めて「あの子は自殺しそうだから注意しなさい」と言ったそうです。そうするとその話は皆に伝わりますから、何となく変な感じが漂います。その子も「変だな……」と。

クライエントが「いまから死にます」と言ってきたとき、普通ならば、その人の話をじっくりと聞いてあげて、そのうえで「明日とか、二、三日後に会いましょう」と約束をします。そうして約束どおりにやって来たら、まず大丈夫です。そうするのがよいのですが、そのときは私は、講演のことで頭が一杯だったことと、まだ若かったために、慌てて、そのあたりで失敗しているのです。私が失敗した分、寮の先生も慌てて、寮の友達も慌てて、その子はとうとう、友だちから『あなたは「今日、死ぬ」と言ったんでしょう』と言われて、『どこからそんな話を聞いたんだ！』となります。

その人はかんかんに怒って次の日にやって来て、「こんなことになりましたよ」と言いました。「すまないことをした」と、私は本当に謝りました。『悪かった。でもあなたも考えてください。人間一人が死ぬということはどんなにすごいことなのか。あなたが一言「死ぬ」と言っただけで、どれだけ皆がふらふらになるのか。そこも考えてほしい。私はカウンセラーとして、確かにあのとき、もっと違うやり方があったけれども、「人が死ぬ」と聞いて黙ってはいられない』と言ったら、その人は『わかりました』と言ってくれました。それで関係がついて、二人は後はうまくいきました。

今から考えると、どんなことがあっても、次は空けていかないといけません。初回面接時には余裕をもつべきだということを、よく覚えてください。

話にどう入ってゆくか

さて、初めてお会いするときには『こんにちは』とか『いかがですか』と言うわけですが、私の場合、非常に曖昧なことを言います。『あなたは学校に行っていないようですね』とか『学校でばかなことをやっているそうですな』などということを先に言いません。たとえば『どうですか』と聞くと、相手は天気の話をしてもいいし、何を言ってもいいわけです。

いまでもよく覚えているのは、京都大学でカウンセリングをしていた頃、あるクライエントに『どうですか』と話しかけたところ、『京都の市電のシステムは悪いですね』と、いかに市電のシステムが悪いのかを三〇分話されたことがあります。そうすると、その人が言いたがっていることがとてもよくわかります。「どうもシステムがおかしい」「世の中のシステムが狂っている」と。ということは、自分のなかのシステムも狂っているわけです。

それを話すことで、システムが狂っていることへの怒りを、私が『そうですか。そう考えられますか』と受け止めているうちに、クライエントは「このおっさんとは話ができる」と思って、「実は……」となるわけです。この「実は……」となるまえに市電のシステムを怒るところが面白いでしょう。もちろんこれは、人によって違います。

このとき、『あなたは相談に来たのであって、市電の話をしに来たのではないでしょう』と言うのがもっとも下手な仕方です。来た人が市電や天気の話をしたとき、「この人はそういう世界から入って来る。でも、その背後にはたくさんの世界があり、その背後の世界も聞きながら、こちらはその話を聞いている」という聞き方ができなければいけません。

困るのは、五〇分が終わって、自分がこれからその人とカウンセリングを続けていくのか、あるいはどうしていくのか、という判断が必要なことです。判断をしなければいけないのに、市電の話を三〇分もされたら、「家族はどうなのか」などと、本当の問題は何かを聞きたくなります。どのあたりでそれを聞くのか。市電の話を続けるのか。そのことをものすごく考えながら聞いているのです。「市電の話に賭けてみよう」と思って聞いているうちに、「うちの家族は」と話されたら、市電の話から、「この家族のシステムはこんなに悪いのだ」とわかるときもあります。ここはとても難しいところです。「すみませんが、市電の話は別にして、お父さんはどうですか」と聞くと、「普通」と言うかもしれません。

向こうの線に乗りながら、終わったときにはだいたいどうするのかが考えられるには、どこまで聞くのか——これが初回面接の非常に難しいところです。「わたしの父親はこうであり、兄弟は何人です」とずっと話をするものの、お母さんの話を一言も言わない人がいます。その人に「お母さんは?」と聞いたほうがよいのか、お母さんは完全無視の人として受け入れたほうがよいのか。これも非常に難しいです。

大事なのは、カウンセラーとしてカウンセリングをしながら、その人と歩んでいくわけですから、「それが意味があることなのか」「続けられることなのか、どれだけ続けることができるのか」、そのように考えることです。

この両方が入っているという意味で、初回面接は非常に難しいのです。ある程度の判断はしなければいけないと同時に、自分の判断のまえに、その人の気持とか、生き方とか、生活のリズムやパターンなどをつかまないといけない。「相手の言うままにしておきたい」という気持と、「こちらも少しは聞きたいことがある」という気持の二つがあります。これが初回面接をするときの非常に難しいところです。下手な人ほど、誰が来ても少し話を聞いて、『そうですか。では、お父さんはどういう方ですか? お母さんはどういう方ですか? 朝ご飯は一緒に食べるのですか?』と尋問調になります。私たちは刑事ではありません。刑事さんは事実を明らかにして犯罪を明らかにしますが、私たちはそうではなく、そうして話をしている当人と私のあいだに関係ができて、次に新しい可能性に向かって進んでいけるかどうか、そこが大事なのです。

見立てについて

「見立て」という言葉がよく使われます。「どういう見立てをするか」というように。初回面接で私たちはおおよその見立てを持たなければいけません。このとき私たちカウンセラーは「見立て」という言葉を使い、「診断」という医学の言葉は使いません。これはなぜなのかをよく考える必要があります。

生きた関係のもとに

とくに近代医学の場合、お医者さんは患者の身体つまり人体を客観的に調べていきます。事実、データを明らかにしていって、「こういう病気である」と診断します。これが近代医学の方法です。しかしカウンセラーはそういうのとは違う方法をとっている、ということをよく知っておく必要があります。どこが違うかというと、お医者さんは、ある意味では患者さんと「関係」を完全に絶って客観的に見ていますが、私たちは「関係」がないと話にならないわけです。まるっきり逆といってよいほどです。

私たちはやって来た患者さんと関係をもって「そのなかから何が生まれるのか」と考えるわけですが、お医者さんはまず関係を切って、データを出すことで、「あなたは腸チフス」とか「あなたは風邪である」と診断します。診断が決まったら、治療法も決まります。「これならば隔離病棟に入って、この薬を飲んでください。何日ぐらいで治ります」と言えるわけです。お医者さんのなかには、患者さんの顔を見ずにデータばかりを見て、「こうですよ。さようなら」という方もおられます。

近代医学の世界では、人間と人間の「生きた関係」などなくてもよいのです。データがあればいいし、実際にそうして治っていくわけです。しかし私たちはそうではなく、「関係」を大事にしています。だから、会い方がとても変わってきます。

必要な医学的判断

カウンセラーは「診断」とは呼ばずとも、診断のようなことをまったく考えないようではいけない、というまた難しい面もあります。

私が学生相談をしていたとき、学監の先生がある学生を連れてきました。『こいつは訳のわからん男です。急に人を突き飛ばしたり。ものすごく反省をするかと思ったら、また不可解なことをする。これは我々の手に負えませんのでお願いします』と。私が会って普通に話をしていると、衝動的なところはないし、お父さんやお母さんとの関係も悪くありません。それでも、突発的におかしなことをするということなので、『変なことを聞きますが、自分の意識がときどき不明になっていたことがあるのではないですか?』と聞いてみたところ、『あります』と。『最近も、靴を履くのに靴紐を結ぼうとしていたら、一緒に靴を履こうとしていた人たちは皆いなくなっていた。皆は靴を履いて行ったに違いない。遠いところに行っているのに、自分は靴の紐を持ったままだった。「意識が途絶えていたのではないか」と、そのときにおかしいと思った』と。

そこで私は『それは、てんかんの可能性があるから、調べてもらってください』と言ったのですが、ここが大事です。『あなたはてんかんだから行きなさい』とは絶対に言ってはいけません。そうではなく、「てんかんの人が薬を飲んで普通に暮らしているのは、近視の人がメガネをかけて生きているのと同じことだ。メガネをかければ普通に生きていけるのと同じように、薬を飲んで、てんかんの発作を押さえて生きていけばいい。これはメガネと一緒です。だから、メガネを調節する感覚で精神科に行って、合う薬を飲めばいい。ときどきカッとなったりフッと意識がなくなったりするのは、そういう可能性が高いから、そういうお医者さんのところへ行った方がいいでしょう」と言うのです。

それでも不安な人には、私はときどき『一緒に行きましょうか』と言います。とても安心されますので。私という人間がその人とゆっくりと話をして、『私の信頼できる先生ですから……』と言うと、行かれます。私が精神科のお医者さんに紹介をして、行かなかった人は今まで一人もいません。これは、ゆっくりと話をして「行くことは怖いことではないし、あなたにとって大事なことです」という説明を上手にして、『私が知っているお医者さんに紹介状を書くから行ってください』と言えば、必ず行かれます。

「あなたは精神科に行った方がいい」といきなり言ってしまうと、「誰が行くものか」となってしまいます。だから私たちは、専門のお医者さんを紹介するとき、クライエントが怖がったり嫌がったりしないように、上手に説明できなければなりません。

初回面接のとき、私は「この人はてんかんである」と診断したわけではありません。「わからない。そうかもしれない。でもこの人は、お医者さんに診てもらった方がよい」ということはわかります。これは私たちの客観的判断です。カウンセラーはそういうことを判断できる力も持ったうえで、初回面接に臨まなければいけません。これは、先ほど申し上げた「関係が大事だ」ということとはまた別の一面です。そのように、医学的な判断と関係の重視、この二つを大事にしなければ初回面接はできません。

カウンセラーに出来ること

医者でない限り、私たちは「あなたは精神病である」ということは言えませんが、「どうもそう考えられる。専門医のところへ言ってください」ということは言えます。本当の診断はできませんが、私たちの心理学の知識でその人と接していて、カウンセラーの範囲を超えていることはわかるわけです。たとえばそういう人は、話のなかに妄想や幻覚が出てきます。話をしている途中に立ち上がって、窓を見て『CIAにつけられているのですが、大丈夫でしょうか？』と言う人もいます。いくらクライエントに共感しようと思っても、CIAにつけられた気持を共感することはできないでしょう。だから「これは自分の守備範囲ではない」と考えなければいけません。

ところが、ここからが難しくなるのですが、妄想や幻覚や幻聴をもちながらも統合失調症ではなく、私たちがカウンセリングをしているあいだに治っていく人もいるのです。そういう人もいるということであって、すべての人が話し合いで治るということではありません。たとえば幻聴を持っている人が来て、話をしているうちに『うっ、また聞こえた』と言うことがあります。そこで『あなたは精神病の疑いが濃いから、精神科に行きなさい』と言うよりは、「いまは幻聴が聞こえているかもしれないけれども、自分はカウンセラーとして、この人に役立つことができるだろうか？」という見立てをすることが、とても大事です。

私はどうしているかというと、たとえばその人は幻聴や妄想を持っておられるけれども、それを横に置いておいて、「小さい頃はどうだったのか」といった話をします。「ご両親はどういう人だったのか」などと聴いていくと、人間の人生というものは、本当にいろいろです。「そんなことがあるのかな」と思うような人もおられます。ものすごく苦労している。他の人にはあまり言えないけれども、本当に苦労して生きておられる人がいます。

そういう話を聴いていて、「それだけのことをされているなかで、そこから何とか抜け出そうとしたり、超えようとしたりするならば、このくらいの症状は出るかな」と私がある程度感じられるかどうか。聞いていても、そんなことはまったく感じられない場合もあります。先ほどのてんかんの人がそうです。家族の話を聴いても、心理的にもあまり問題ないと思えるが、ときどきガーッと特別になる。「これは、こころで了解するよりも、病気だと思ったほうがわかりやすいな」となってきます。

それから、他の話をしたときに「この人はどれくらいの判断力や気持が動くだろうか」ということも、私は話をしていて、よく考えます。『わたしには友達がいたのですが、病気で亡くなりました』と言われたとき、一人の友人が亡くなったことの悲しみがものすごく表現できて、こちらに伝わったなら、私も『そうでしたかぁ』と言いたくなる。ここまで他人の気持がわかり、ここまで表現できる人は、強い人です。「これだけの強さを持っていながら、これだけの妄想があるということは、どう考えればよいのだろう」「この強さの問題を頼りにしながら、この問題は話し合いで進められるのではないか」というように、私は話を聴きながらずっと考えています。

精神病の症状があったらすぐに「これは統合失調症」と考えるのではなく、「この人に、私の力で役に立とう」と考えていく。「この人の生活史を聴いていると、そういう症状が出てくることが、自分にとってはとても了解しやすくなっている」とか、「人間としての判断力があるかどうか」とか、一番大事なのは「自分の感情がスムースに動いて表現できるかどうか」、そういうところがあるかどうかを、話し合いをしながら、こちらは考えていくわけです。

ただし、「これだけの人ならば、これだけの症状を持っているけれども、私の力で何とかなるのではないか」と思った時でも、私は、その人に必ず一度はお医者さんに行ってもらいます。私がそう思っていても間違いということもありますから。精神病圏の症状を示す患者に関しては、私なりの考えをずっと持っていたあとで、『私はあなたと話し合いをして、役に立てそうだと思うから、続けて会いたいけれども、そのためには一度、精神科医のところへ行っていただきます』と言います。

このように、これからカウンセラーとして一所懸命にやっていこうと思っている人は、こちらの話をよく聞いてくださったり、あちらの考えをよく教えてくださる精神科医と知り合いになるのは、とても大事なことです。

私の知っている精神科医のところへクライエントが行くと、その精神科医からすぐに連絡があり、『普通だったら統合失調症と言われるかもしれないけれども、あれは違うかもしれない。河合さん、頑張ってやってみてください。今のところ、薬はなしでよいと思いますけれども、何かありましたら、必ず連絡してください』と言ってくださるわけです。

そのように、こころのなかで「見立て」をすると同時に、医学的な「診断」が必要であり、それは精神科医に相談することになります。その精神科医に「どう思われますか」ときちんと聞いて、「自分はこう思います」とも伝える。クライエントが良くなったら、その精神科医にもう一度診てもらって、「あの人は見事によくなっているな」と二人で話し合いをする。そういうことを私はたくさん積み重ねてきたわけです。だから「この人はこんな感じ」と見立てはできるのですが、精神病圏の患者さんについては、いまでも精神科医と一緒にやっています。臨床心理士一人だけではやってはいけません。非常に難しいです。

たとえば抑鬱症があります。周知のとおり、抗うつ剤という薬で治る人がとても多いものですから、「この人は抑鬱症かもしれない」と思ったときは、『まず精神科医のお医者さんのところへ行ってください』と言います。『あなたは死にたくてしょうがないかもしれないけれども、いまは良い薬がたくさんあるから、まずはお医者さんのところへ行ってください』というふうに言うと、お医者さんのところへ行かれます。

薬で治られる方もたくさんいますが、じつは薬では治らない抑鬱症の方もいらっしゃいます。そういう人の場合は、私たちがカウンセリングをしなければなりません。そのときも精神科医の先生と協調して、「薬を飲むかどうか」など、お互いに相談しながらやっていかなければいけません。

こうした意味から、「これは抑鬱症だ」「これは統合失調症だ」とは私たちは言えないものの、相当わかっている必要があります。その訓練が非常に大事です。

こころの課題を見すえて

クライエントの話を聴いていて、時に難しいのは、たとえば症状を持っている人は「この症状をなんとか改善したい」とか、人間関係で実際に問題を持っている人は「自分の夫は離婚ばかりしている。なんとか離婚したいが、どうしたらいいのか」「こんな浮気をする夫と一緒に暮らしていたほうがいいのでしょうか」というように、とても具体的な問題を持っている人の場合です。「下手な担任がいるけれども、あれを排除するにはどうしたらいいのか」などと言う人も、この頃は多いです。

その人はその人なりの課題を持って来られるのですが、私たちカウンセラーにとって大事のは、「この人はどういうこころの課題を持って来られているのか」を考えながら聴くことです。『担任が悪いのですか。では教育委員会に言って、やめさせましょう』というふうにすぐに乗るのではなく、「この人はこう思っているけれども、そう思って来られたこの人は、どういうこころの課題を持っておられるのか」という考えかたが重要なのです。

気持の裏に潜む問題

八十歳近い、年輩の女性が相談に来られました。「うちの嫁はけしからん。気の強い嫁なのだが、あれをなんとかできないか」という相談でした。昔は姑にいじめられるお嫁さんが多かったのですが、いまは逆のほうがよほど多いようです。

「うちの嫁はこんなきついことをする」ということを聴きながら、『ご長男さんは恋愛結婚をされたのですか?』と聞くと、『いや、うちの息子はそんなことができるようなものではない。だから、わたしが良い人を見つけて結婚させた』と。人間というのは不思議なもので、自分が「この人こそ良い人だ」と思って連れてきたお嫁さんは、夫婦の仲は良いけれども、お姑さんに対してはきついことをする。

「あの嫁をなんとか良くする方法はないか」というのが、この人の表の主題です。しかしその話をずっと聴いたうえで私が思ったのは、それとは別の課題です。「あーっ、この人は死ぬ準備のために来られたなぁ」と。八十歳近いという年齢ですから。でも、その人にそんなことを話しても仕方ありません。『どう死にますか?』と聞いても、『アホか』となりますから。

そこで私はどうしたかというと、『「牛に引かれて善光寺参り」という諺を聞いたことがありますか?』と聞いたのです。どういう話かというと、ある強欲の深いお婆さんが布を干していた。すると牛がその布を角に引っかけて行ってしまった。お婆さんは『返せ』と言いながら追いかけるが、牛はどんどん行き、お婆さんもどんどん追いかける。そうすると、信濃の善光寺に牛が入り、お婆さんも追いかけて中に入ると、牛は消え失せていた。「どこへ行ったのかな」と思っていると、お坊さんが説教をしており、それを聞いて、お婆さんは発心するわけです。そこから強欲なお婆さんが宗教心に目覚めた。そういう話なのですが、その方は年輩でしたから『その話はよく知っています』と言われました。そこで私は『おたくの嫁さんは牛ですなあ。嫌な嫁さんだと思って追いかけ回したりしているうちに、善光寺参りになるのではないですか』と言ったところ、その方は「はぁん」という感じで、ピンと半分来たような来ないような、という感じで帰って行かれました。

次に来られたときも、また嫁さんの悪口で、「あの嫁をどうするか」と。「離縁するしかないですよ」と私が言うのを待っているわけです。そういう人は多いです。自分で言えない人は私に言わせて、「わたしはせっかくの嫁を離縁したくないのだけれども、京大の教授もそういっていることだし……」というように。でも私はそんなことは言いません。ふんふんと聞いているばかりです。

『先生、なんとか嫁を良くする方法はありませんか?』『ありませんねぇ』『どうしたらいいですか?』『また来週来ませんか』『では来ます』と。帰られるときは、「嫌なことをたくさん聞いてもらって、嬉しかった」という気持と、「なんだ、あの人は。京大の教授というけれども、いつも言うことは決まっているではないか。『良い方法はありません、来週も来てください』なんて、誰でも言えるじゃないか」という気持、その両方を持っているのだけれども、『「牛に引かれて善光寺参り」という言葉が引っかかって、続けて来ました』と言っているうちに、その人は『歎異抄』を読んだり、宗教の方にどんどん入っていって、お嫁さんの話もほとんど出てこなくなりました。

自分が死んでいこうとしている人間は、若い人がいるだけで腹が立つのです。要するに、嫁さんが若くてピンピンしているだけで、ムカムカしてくるわけです。「この人も何十年もすれば自分と同じ道をたどるのだ」と思えば腹もそう立ちませんが、自分が行くところがわからないうえに相手がピンピンしていれば、腹が立つのは当たり前でしょう。

腹が立つということを私に言うわけですが、この人の課題はそこにはありません。クライエントが問題にしてやって来られた、その背後にあるこころの課題を、私たちカウンセラーは初回面接のときにどこまで把握できるのか。そこが大きな勝負です。

行動の裏に潜む問題

ここで挙げている例はすべて古いものです。最近のものは守秘義務があるのでお話できませんから。次の例も、私が京都大学の教授になった頃のものです。

女の子の下着を盗んで捕まって、京大の相談室に連れて来られた子がいました。大学院の院生が初めてクライエントに会うときは何ともいえないものです。「どんなクライエントが来るのだろう」と。それが下着盗みをした中学生だとしたらどうなるのか。その中学生と面接したのは、京大の院生だったのですが、私はその人に『下着を盗んだ中学生が来たからといって「セックスのことが話題になる」と勝手に思わないようにしなさい』とだけ言いました。どんな話題になってもいいから、頭から「これはセックスの問題だ」と思わない方がいい、と。

それで会って、その子が話し出したのは、セックスの問題では全然ありませんでした。『ぼくは映画に行くとき、お父さんがいつも付いて来てくれるんだけれど、理解のある親を持つと辛いですねぇ』と。よくわかります。理解のある親は、「映画を見に行きたいか。じゃあ、お父さんと一緒に行こう。帰りは喫茶店に入って、おいしいものを食べよう」と、傍目にはものすごく良いお父さんです。ところが子ども自身は面白くない。本人にすれば、友だちとこそこそ隠れて見に行って、アンパンを半分に分けて食べたりしながら見たほうがずっと面白い。それで「理解のある親を持つと困る」という話をし出すわけです。

結局、その子の課題は「周りから見ると理解のある恵まれた親と一緒に生きながら、いかに中学生なりに自立していくのか」ということでした。中学生なりに自立するというのはなかなか難しいです。そして、そういう子は下着盗みをすることが多い。自立するためには女性が必要ですが、女性にすぐに手が届かないから、下着に手を出す人が多いのです。セックスよりも、むしろ自立のほうに関心があるといってよいくらいだと思います。自立ということと性ということは、それくらい入り混じっているのです。「下着を盗んでいるから、これはセックスの問題だ」とか、「好きな子がいるのですか」とやり出すと、絶対にうまくいきません。ゆっくりと聞いていると、その人の課題が見えてくるのです。

その子の場合、下着やセックスなどとは全く言わずに、そういうなかで自分がいかに自立していくのか、「親なんかに金を貰わず、自分の金で他人に驕ってやりたい」と。「自分はいつもお父さんばかりに驕ってもらっている。こんなけしからんことはない」と怒ってばかりいたのですが、最後のほうには良いことも言い出しました、「友だちは偉そうに『自分の金だ』と言って、他人に驕っていたけれど、あれは全部、お父さんの金をもらっているんですよ」と。中学生が自立するのは、そう簡単な話ではありません。このような話になってくるのです。そうなってくると、下着盗みといった問題は全然なくなっています。

固有の成長の課題を見立てる

「この人のこころの課題はどこにあるのか」――これが一番大事です。そのために私たちは心理学の勉強をするのです。特に内面的なことが関わってくる心理学では、「こころの成長」を問題にします。それは学者によって違います。フロイト、ユング、アドラーなどではそれぞれ違ってきますが、私たちには、その違いをよく知ったうえで「この人はこういうこころの課題に直面している」と見立てることが求められます。「こころの課題と直面した人に、自分がカウンセラーとして会って、役に立てるだろうか」――ここまでいかないと話になりません。なぜそう考えるかというと、その人が抱えているこころの課題がものすごく大きいのに、こちら側の力量が足りなかったら、一緒に行けないのではないでしょうか。たとえば、ものすごく不幸な人生を歩んでこられた、「人ひとり殺さないと腹が納まらない」というくらいの課題を抱えた方が来られたらどうするのか。その人は成長する過程で、自分のもつ憎しみ・恨み・悲しみをどこかで表現して、それを乗り越えないといけないのです。

そのように口で言うのは簡単ですが、その人が実際に行為として、殺人をしたり傷害を起こされたら困るわけです。私たちはそれを「こころの問題」として解決してもらわなければなりません。実際には行為として起こさず夢でする人もいるし、箱庭でする人もいるし、お話のなかでする人もいる。「それほどの凄まじい体験をその人がするとき、私には、それについていく力があるのだろうか……」――そこまで考えなければ、見立てになりません。

だから、見立てのときに自分のことが入ってくる、というのはとても大事なことなのです。お医者さんの場合、診断をして、どういう薬や注射があるかといったとき、それは自分のことではなく、医学の問題です。

「いまの近代医学では、これは治療できます」とか「できません」という話になるわけですが、私たちカウンセラーの場合は、「この人と私の関係で、乗り越えられるだろうか」と考えるところが、とても難しいところです。

そのためには、私たちは「自分がどんな人間なのか」ということを相当に知っていなければいけません。そうでないと、どんな人が来られても『やりましょう。お話を聞かせていただきましょう。自分の力でどんどん治ってください』と簡単に言ってしまいます。その人の自分の力で治っていくにしても、それに付き合って、一緒に行くだけの力をこちらが持っていなければ、どうしようもありません。その人の「こころの課題」を考えずに、「この子が来た。話をしていれば、自分で頑張るだろう」というのでは、絶対にうまくいきません。

わたし自身の物語を生きる

人間は皆、自分の物語を生きているのだと、私は最近ますます思っています。自分の物語を生きるわけですが、自分の物語がなかなかうまく生きていけない人がたくさんいます。

ある高校生が、山の上のほうから、道を歩いている人に目がけて石を投げていました。ほんとうに当たったら大変です。上手に投げるので、頭にはなかなか当たったりしないのですが、靴に当たりそうになったりして、ものすごく危ない。「あそこを通ると、上から石を投げる人がいる」という話になり、とうとう捕まった子がいます。

その子の家は野球一家でした。お爺さんも野球で相当ならしたたし、お父さんも野球をよくやるし、お兄さんも野球をよくやるし、その子も野球をやります。高校のクラブでは野球が強いけれども、その家ではレベルが高いから、それくらいでは話にならない。お爺さんやお父さんに負けないようにと思って一生懸命にやるわけですが、本当は違うことをその子はしたいのです。野球が好きではなかったのです。ところがその家では、野球ができるかどうかだけが評価の軸になっていて、できる奴はえらい、できない奴はだめ、とされる。そのなかで、なんとかやっているけれども、「自分としてはもうひとつ」。野球でなくとも、そういう子はたくさんいます。

たとえば、ほんとうは絵を描きたいのならば、自分のことを絵で表現することが、その人の物語の中心になっているのに、知らないうちに野球選手の物語のほうに引っ張られているのです。自分の生きる物語と実際にしていることが違ってくると、ガダガダして、どうしても腹が立ってきて、「同じ物を投げるのなら、ミットに投げるよりも人間に投げたほうが面白いのではないか」と思って、そうしていたのではないかと思います。

その子の場合も、そういうことがだんだんとわかってきて、家族一同と話し合いをして、その子は野球をやめて、うまくいきました。これはとてもわかりやすい例ですが、「自分の物語がずれてくる」ということは誰にもあることではないでしょうか。

物語へのかかわり

こういう話から、「やっぱり、カウンセラーにはならないでおこうかな」と思う方は、すぐにやめたほうが良いと思います。他に物語はたくさんありますから。自分では「自分の物語」がわからず、人はよく思い違いをします。

私などは初めは数学を、できもしないのに、できると思ってやっていたのですから、恐ろしい話です。数学ができないことが、だいぶん後にわかって、「これが僕の本当の道だ」とやっとわかったのは三十歳くらいではないでしょうか。三十歳くらいにならないと自分の物語がわからない人もいれば、小学校の頃からわかっている人もいます。小学生の頃から「自分は野球をやるのだ」と思って、野球一路でやっている人もいれば、私のように三十歳まで脇道ばかり行っていた人もいるし、もっと遅い人もいると思います。それこそ六十歳くらいになって「これこそ私の人生」と言った人もいます。しかし面白いことは、そういう人は決して、いままでの六十の人生が無駄だったとは言わないことです。

なぜかというと、回り道をするのも物語のなかに入っているからです。回り道も物語なのです。ちょっと一服するのも物語。捕まるのも物語です。そういうことをして六十歳で「これだ」と言えた人は、それ以前の六十年が「無」だったとは言いません。ただし、そこに行くまではずいぶんガタガタ言われますが〔笑〕。

私たちカウンセラーはそうした物語に着いていかなければならないのです。その物語のなかに入ることは滅多にありませんが、ときどき入らされます。相手の物語のなかに入らされるとは、相手が私たちを恋人のように好きになられたり、私たちを本当の父親のように思って、ものすごく攻撃してきたりする場合です。そういうときは、私たちはその人の物語に参加しなければいけません。しかし参加するときもなかなか難しい。そういうところに私が参加していきながら、「やっていけるだけの器量や力を自分は持っているのか」

「これはどうしても参加させられる方向にいきそうだ」「これは自分が参加しなくても、自分が物語の舞台になり、その舞台の上でその当人がその物語を十分に生きていけるのではないか」「でも自分はその人の物語の舞台になれるくらい大きいのか」、そのようなことを全部考えなければいけません。

そういうことを初回面接のあいだにどれくらい考えられるかが勝負です。一回目でわからないときは、二回目、三回目といかなければいけません。そういうことがわかるまで、五、六回くらいかかる人もいます。そういう人は「それくらいかかる」と思ってやったほうがよいでしょう。一回目で全部わからなければいけない、というものではありません。「よくわからないけれども、もう少し来てもらって考えよう」。数回行ったところで「この人ならば私とやれるし、こういうことをされるのではないか」となるわけです。このように数回にわたってもいいのですが、できるならば一回目に、自分ができる可能性を考えて判断することが大事です。

イニシャルドリームという言い方があります。初回夢とも呼びます。夢の分析をしていると、一回目に聞いた夢がすごいものであることがよくあります。一回目に来られたときに『いままで見た夢で、印象に残っているものはありますか』『最近、どういう夢を見られましたか』と聞くと、「この人はこういう物語を生きようとしている」「この人はこういう課題を背負っている」ということがとてもよくわかることがあるのです。また、一回目に『わたしは夢を見ないのですよ』と応えて、二回目に来られたときに『こんなに面白い夢を見ました』と言ったものが初回夢である場合もあります。

自分の物語にふさわしい話し合いをする機会はとても少ないものです。友だちと皆、よく話していますが、自分の腹の底から出てきたような物語ではなく、食べ物や映画やサッカーの話をして、楽しんで帰って行く。でも本当はそうではなく、「わたしは、実は……」と話したいのではないでしょうか。

能を観ているとそのことがよくわかります。能では、最初に出てきた登場人物が後で変わります。初めは旅人や女の人だったのが、「実は……」というかたちで般若の面を被って現れたりします。それと同じように、「実は……」というのが、本当は皆にあるのです。

この「実は……」というのは、普通はなかなか話せません。あまりに恐ろしいことだから、言わないことになっているのでしょう。実際、私たちも、いつも「実は……」という話をしていたら大変でしょう。そういうことは隠して生きているのですが、せっかくこの人生に生まれて生きてきたのだから、それを生きないといけません。

それを生きることと、日常生活のなかで非日常を生きることは、簡単にはいきません。この日常の世界と、自分が内面的に生きようとしているものを、どう折り合いつけるのか。誰でも普通は日常世界のほうを大切にします。「ここで相手を蹴飛ばしたらどんなにいいだろう」と思うときでも「いえいえ」と言ってみたり、ここで叩きつけて帰りたいのに「また明日会いましょう」と言ってみたり。

そうしたものがグッと溜まったときにクライエントは私たちのところへ来られるわけです。私たちが『どんな話も聞きます。大丈夫ですよ。夢は何ですか』と聞くと、それが夢になって現れるので、初回の夢は、ものすごくわかりやすい夢が出てくるのです。先ほどの例のように、お嫁さんの悪口ばかり言っていたけれども実は死ぬ準備をしたがっていたとか、「実は……」ということが初回夢にはきれいに出てくることがあります。

また、その初回夢を聞いたとき、「これは自分にはできないかもしれない」と思う場合もあります。「この人はこれくらいすごいことをするのなら、私の力でできるだろうか」と思う場合もあります。そういうとき私は、割と正直に言うこともあります。『あなたの一回目の夢を聞いて、その夢から簡単にいうと、あなたは何を隠そう、王子様・王女様であったということになるのですが、私は王子と一緒に行くだけの力はないです』『大丈夫ですよ。家来でいいですから』と冗談を言い合っているうちに、二人でなんとかやっていきましょうという雰囲気が出てきます。

そういう話をしたことによって、私がその人を引っ張っていくのではなく、その人が王子様で私が家来でいけばいいのだとか、そういう感じがわかってきます。それで話がうまくできていく、覚悟ができていく場合もあります。

初回にあらわれるもの

先ほど述べましたように、一回目の夢、一回目に描かれた絵には、すごい迫力があるものです。一回目の箱庭に全部出ていたことがあるくらい、その人のいろいろなものが出てくることもあります。ただ、すべてがそうだと言っているわけではないので、そこは間違わないようにしてください。私が言うようなイニシャルドリームが出てこずに、表層的なものしか出てこない人もいます。しかし、箱庭でも、絵でも、一回目に今までのものが固まって表現されたものには、ものすごい感動があります。

これも昔の例です。ずっと引きこもりをして、統合失調症と間違われて入院させられた人がいたのですが、その人に「どんな夢を見ましたか」と聞きました。すると「こんな夢を見ました」と言ってくれたものが、とても劇的なものであり、「この人はこのことをしに来たのだ」と夢のなかで言えるわけです。そこで私たちは、「私にもできるだろうか」と考えていくことです。そうすればわかりやすい。その人の課題は王子様だったとわかることもあるし、この人の課題は龍を退治することだとか、燃えさかる城から人を助けることだとか、そういうことを聞いて、「自分もできるだろうか」と考えることはすごく面白いです。象徴的で物語的になった分、余計に迫力があり、自分にわかりやすいところがあります。

初回面接での覚悟

こういう例もありました。ものすごく難しい人で、カウンセリングをしてうまく行きはじめると、びっくりするような事故が起こるのです。とうとう恋人ができたと思ったらその人が交通事故で即死したとか、考えられないようなことがあって、今度こそうまく行ったと思ったら、その人のせいではなく、まるっきり他のことが起こってダメになる。その人もげっそりするし、私だって「今度こそうまく行った」と思ったのにそういうことがあったらげっそりします。

『これはあなたのせいではないのだけれども、これだけ不幸なことばかり続いていると、嫌になりませんか』と聞いたら、その人は『いえいえ、わたしはそうではありません。これくらいのことは、初めから覚悟していました』と言われるのです。「へえ」と思ってびっくりすると、『わたしは先生とお会いしたときから、地獄めぐりをするのだと思っていました。だから、地獄みたいなことがどんどん起こっても、へこたれません』と。私はあまりにすごいことを言われたので感心して、『あなたはすごい人ですね。よくそれだけの覚悟ができましたね』と言ったら、『いや、これは一回目のときに先生が言われたことですよ』と言うのです。『へぇ、私は一回目に何を言いましたか』と聞いたところ、『忘れたのですか？ わたしが自分の問題をずっと話して、最後に「これだけ辛い目にあうのは、わたしのこころが悪いのですか。それとも身体が悪いのですか」と聞いたとき、先生は「あなたはこころも身体も何も悪くない。でも魂が腐っているからなぁ。魂が腐っているのをなんとかしようと思ったら、地獄めぐりをするしかない」と言われたじゃないですか。だから、私は地獄めぐりを覚悟したのですから、こんなことではへこたれません。それにしても「魂が腐っている」なんて、ひどいことを言いますね』と私のことを言ってきたので、こちらも『それは本当だから、仕方ないでしょう』と言ってみたり〔笑〕。

一回目のときに、私はほとんど無意識的に、その人が背負っている課題をずばりと言っているわけです。しかも非常にきつい言葉で。「魂が腐っている」、つまり、少しくらいこころを入れ替えたり健康を増進したくらいではダメであり、要は地獄めぐりをするしかない、と。そしてその人は、地獄をめぐりめぐって、変わっていかれました。

初回のときに「ここを行くのだ」という覚悟ができるのは、すごく大きいことです。それは、クライエントが覚悟することであり、私たち自身が覚悟することでもあります。そのことをどういう表現でその人に伝えるのか。表現の仕方はそれぞれ違います。その人には「魂が腐っている」という表現をしましたが、他の人には「牛にひかれて善光寺参り」と言ったりしました。私たちはそれをどこまで言うことが出来るのか。

また、一回目でわからない人は『もう一度来てください』と言います。

一回目に「どう考えても自分の力では駄目だ」と思う場合もあります。先ほどの地獄めぐりの人も、私にはほとんど駄目だと思っていたのですが、なんとかやって、いまでは自分の判断は間違っていなかったと思っています。

初回でつながらなくとも

これは拒食症の子どもさんの例です。いまはそうではありませんが、私が診ていた頃は、小学校四年生の拒食症はほとんどありませんでした。プレセラピーで『こんにちは。一緒に遊びましょう』と言っても、こころが全然つながりません。そういう子どもは、こころをぴたりと閉ざしていますから、「何をしてもいいよ」と言っても、「こんなオジンと会うか」と、こころが切れてしまっています。そのあたりを歩いていたり、鞠を転がしたりするけれども、その子は全く乗ってきません。

「向こうのガードがよっぽど堅くて駄目だ」と思って、『今日はあまり遊べなかったけれども、来週も来る?』と聞くと、そういう子でもときどき、『来週も来る』という子がいるのです。ただしその子は『来ない』と言いました。「そうか」と思いながらも、『私は来週も待っているから、来たかったらおいで』と言って、お母さんにもそう言いました。次の週はその子は来ず、お母さんだけ来ました。お母さんとのカウンセリングを続けることによって、その子の問題は解消して治っていくのですが、その子には会いませんでした。

二回目に来られないとき、私たちは手紙を書きます。私も「せっかく待っていたのに来られなくて、ものすごく残念だった。来たい時はいつ来てもいい。手紙もいつ書いてもいいから、待ってます」という手紙を出しました。
その子の場合、「待ってます」という手紙を書きましたが、来ませんし、手紙も来なかったです。その子はすごいなあと思う子だったし、お母さんのカウンセリングを通じて治ったから良いと思っていたのですが、そうしたところ、十一年目に返事が来ました。「先生はわたしに手紙をくれたのを覚えていますか。その手紙は、いまも宝にして持っています。『書きたいときにはいつ書いてもいい』とあったので、いま書くことにします」と。このようなこともあるのですね。一回目でその子の力になれなかったと思ったけれども、実は力になっていることもあるのです。そのあたりが私たちカウンセラーの仕事の非常に不思議なところです。こちらはそれほど思っていないのに役に立っていたり、自分が言ったのに忘れていたことがものすごい意味を持っていたり。
「一発勝負」という言葉がありますが、本当に、そのときの勝負というか、それが一回目に起こる。だからこそ、いま私がいろいろと述べたような不思議なことも起きるのではないでしょうか。

自分を賭けて会っても……

誰でも、自分が初めて会うという体験をすると思います。若いカウンセラーがクライエントに会う気持は、恋人を待つような気持だと思います。「来てくれるかな」と思いながら会うわけですが、私が京都大学にいたとき、「クライエントの夢をどれくらい見ることがあるか」と皆に聞いたことがあります。「修士課程の一回生を終えて、いよいよクライエントに会うとき、なかなか会えなかった」とか、「せっかくクライエントが来ているのに、自分はトイレに行きたくなって、行ってみると閉まっていて、あっちこっちしているうちに会いそびれた」とか、「クライエントが来るとわかっているのに変なところに遊びに行って失敗した」とか。一回日のクライエントに会いそびれたり、失敗したり、時間に遅れる、という夢を皆も案外と見ているのです。

私たちは一回目のクライエントをものすごく大事に思っているし、実際に皆は時間前からきちんと待っていて会っているのに、夢のほうは逆のものを見ている。これはどういうことなのか。実はそこが人間の面白いところなのです。「初めてのクライエントだから一時間前から待っていよう」と思うのが人間の意識です。しかし人間には「こんなことは嫌だなぁ」というところがきちんとあるのです。なぜクライエントに会うのか。よそで遊んでいたほうがよっぽど楽しいではないか。そう言えなこともないでしょう。「私の物語として、サッカーや映画を見るよりも、苦しんでいる人に会うのが自分の指命である」と私の意識は思っていても、私という存在全体がぴたりと会うまでにはなかなかいかないのです。だから初心者の場合、意欲満々な反面、こころのどこかでは「やめておけ」と思っていたりするのです。そのことを知っておくことは大事ではないでしょうか。

人間というのは面白いものです。自分が一生懸命になっているからといって、自分の人間存在全体として一生懸命になっていると思わないほうがいいと思います。これはすごく大事なことです。カウンセリングで人と会うというのは、ものすごいことなのです。自分が意欲的に会おうと思っているからといって、自分の存在を賭けて会うことはなかなかできません。また、それが健康な反応なのです。初回面接のときから全身全霊をあげて会ってしまうと、クライエントが死んでしまうかもしれません。

うまくいったときの落とし穴

ビギナーズラックという言葉があります。非常に難しいケースでも、一回目のときは治ることがあるのです。一回目の奇跡は起きるのです。なにか不思議な、その人全体の力が出るのでしょう。

このようなケースもありました。大学院生が「わたしがやって、うまくいくかしら」と思いながら会ったところ、『これは誰にも話したことがないことなのですが……』とクライエントが自分の大変な秘密を話してくれました。カウンセラーとしては「わたしみたいな人間にここまで言ってくださるのか」と感動して、来週も来てくれることになり、翌週も大変な秘密の話をしてくれました。そのカウンセラーは「カウンセリングはただ聞くだけでいいというけれども、本当にそのとおりだ。カウンセリングはこんなにうまくいくのか」と思っていたら、三週目の後は無断で来なくなりました。そして、『あんなに秘密を喋ってくれて、こちらも必死になって待っていて、その人がなぜ四回目には無断で来ないのでしょうか？』と私に聞くのです。

そこでカルテを見せてもらったら、三回目に来たとき、クライエントは最初に『今日は休戦ですね』と言っているのです。そこでサッカーか何かの話をすればよかったものの、こちらは待ちかまえていますから、カウンセラーは前回の話をしようとします。クライエントはしんどいから一度休みたかったのです。カウンセリングがうまくいっているということは、ある意味ではクライエントにはしんどいのです。普通だったら考えもしないことを考えて、誰にも言わなかった秘密に自分で悩んでいるのですから、ものすごいエネルギーを使って、しんどいのです。「うまくいっている」と思っているとき、カウンセラーはそのことに気づきません。来た早々『今日は休戦です』と言っているのに、カウンセラーにはそれが聞こえません。

そのことを私が指摘したところ、その大学院生は手紙を書きました。「あなたは休戦だと言いましたが、わたしはそれをきちんと受け止められませんでした」と書いたところ、気持が通じて、その人はまたやって来てくれて続いたのです。

このように、初回でうまくいったからといって、こちらが焦ったり喜んだりしすぎると、そういうことが起きます。そういうときは大抵、クライエントのほうから何かを言ってくれます。ものすごくうまくいっているはずなのに、無断で休むとか。それはスーパーヴァイザーがいて、その人の力も借りながらよく考えるとわかることであす。そういうこともある、ということを覚えておいてください。

質疑応答

質問者　非行少年のカウンセリングをしている家庭裁判所の調査官から、「その少年を叱るのではなく、親を叱るのだ」という言葉を聞かされましたが、この言葉の奥にあるものは何でしょうか。

河　合　昔は私も家庭裁判所の調査官にとてもご縁がありました。調査官は非行少年に会って、単に調査をするのではなく、カウンセリング的なことをされることが多いです。

ご質問にあった調査官の方は「少年が悪いことをしているのだけれども、その背後に親がいる。親を変えることによって、少年を変えよう」ということをおっしゃったのだと思いますし、それはそれで一理あると思います。

ただし、皆がそうであるわけではありません。子どもが変わることによって親が変わることもあります。私たちがそれを判断しなければいけません。「いつもそうするのだ」と思わないことです。私たちカウンセラーにとって難しいのは、何にでも通用する原理はないということではないでしょうか。「親が変われば子は変わる」と言われればなるほどと思いますが、「子が変われば親が変わる」というのもなるほどでしょう。だから、個々のケースごとに「この人はどうなのだろう」ということを考えることです。

＊＊＊＊＊＊　　＊＊＊＊＊＊　　＊＊＊＊＊＊

質問者　自分がクライエントにどれだけ役に立てるのかを判断するには、自分をどれだけ知ってることが重要とのことでしたが、自分を知るにはどういう方法はあるのでしょうか。

河　合　「自分を知るには、教育分析を受けなければいけない」とはっきり考えている人たちがいます。そうでない人もいます。というのは、どれも一長一短なのです。私は教育分析を受けたほうです。一九五九年当時、「こういう仕事をするには、自分を知らなければいけない。自分を知るためには分析を受けなければいけない」と書いてあって、とても驚いたのですが、結局、私は受けました。それは自分を知るために、そして他人を分析するために、ものすごく役に立ったと思います。

だからといって、皆がそうするべきだと言う気はありません。というのは、それがすごく役に立つ人もいれば、役に立つどころか、ものすごく害になる人もいるからです。そこは自分でよく考えてください。

絶対にやってもらいたいこととして、スーパーヴァイズを受けていると、自分を知ることになります。スーパーヴァイザーに「クライエントに対して自分はこういう話をした」と話をして、それに対するスーパーヴァイズを受けているうちに、自分という人間が必ず出てきます。だから、スーパーヴァイズは必ず受けてほしいです。

ただし、教育カウンセリングや教育分析を受ける場合、もっとも大事な条件は、「この人に受けてみたい」という人を見つけることです。そういう人が見つかっていないのに闇雲に受けたほうが良い、とは私には言えないように思います。

******　　******　　******

質問者　初回面接のとき、クライエント本人が来られず、家族や先生だけがいらっしゃった場合、特に配慮することはあるでしょうか。

河　合　これも実際的で良い質問ですね。この頃はかなりましになりましたが、私が始めた頃は、中学生や高校生が最初から一人で来ることは非常に少なかったです。無理やり連れて来られる子とか、そうでなければ親や先生が先に来たりします。そういうときによく言うのは、『本人に来てもらってください。本人がカウンセリングを受けてください』ということです。ただし私は付け加えます。『そのときは、本人の判断がものすごく大事です。一度でいいから会ってください。会ったうえで「この人は嫌だ」「これは役に立たない」と思ったらやめてください。本人には、やめる権利があるのですから』と。

「絶対に続けていけ」という言い方ではなく、「とにかく一回会ってみないとわからないから、会ってください。それで自分で判断してください」と伝えると、最初は嫌だと言っている子も、カウンセラーに会うとわかりますから、だいたい続けていきます。嫌々ながら来て、次に来ない子は珍しいです。先ほどそういう子の例を挙げましたが、これは素晴らしい人であり、たいていは、怒っていても来てくれます。

ある家庭内暴力の子の例です。むち打ち症になって首にギプスを巻いたお母さんがやって来られて、必死に話すのですが、『あなたのお話もわかりますが、まずは子どもさんに来てほしいので、そう伝えてほしい』と言いました。それで待っていたら、次もお母さん一人で来られるのです。聞くところによると、息子さんにそう言ったら、『何を言っているんだ。この家の悪の元凶はおまえだ。おれは行く必要はない。悪の元凶であるおまえが行け』と言われたそうです。そこで私は『帰ったら、息子さんに伝えてください。「河合という男はあまり力がないので、悪の元凶が来たら参ってしまった。しかし、悪の元凶の息子だったら会えるかもしれない」と』とお願いしたら、次は息子さんが来ました。「おもろいおっさんだなぁ」ということで。こういう、ちょっとした物言いで違ってくるのです。「そんなおもしろい奴なら会ってみようか」と来た子もいます。その子も素晴らしい子でした。

このように、カウンセリングに来てもらうためのちょっとした物言いの工夫が大切です。「あなたが悪いから、あなたが来い」とか、「あなたが治らなければいけないのだから、あなたが来い」ではなくて、カウンセラーに会う意味があると思えば来てください。でも、意味があるかどうかは、会ってみないとわからないのではないでしょうか。そういう言い方をすると来る子が多いです。これもひとつの方法ではないでしょうか。

＊＊＊＊＊＊　　＊＊＊＊＊＊　　＊＊＊＊＊＊

質問者　セラピストは、クライエントがどんな話でもしたくなるような雰囲気を作らないといけない、とのお話がありました。それにはどんな努力が必要でしょうか。

河合　少しずつ努力で変わります。そのためには、自分をよく知ること、相手をよく知ること、が大切です。それから、日常生活のなかでも勉強の機会はたくさんあります。日常会話のなかでも、「人はいかに他人の話の腰を折って話すことが多いか」とか、「ああいうときにああやったら、いけないのだな」とか。そういう人が多いのではないでしょうか。せっかく人が勢い込んで話しているのに、急に違うことを言ってみたりとか。「こういうときは少し引いて聞いてみると良いのでは」とか。うまい人のことをよく見て、「こんな姿勢だと話は次に進むな」とか。あとは、文学にも会話がたくさんありますから、それを読むのもとても大事なことでしょう。

だから、毎日が修練と言っていいのではないでしょうか。本当に毎日が修練です。スポーツもそうです。スポーツ選手も、私たちと似ているのではないでしょうか。咄嗟に判断して行動するわけです。私たちの場合、自分が動き出すのではなく、相手が動きやすいようにするわけです。そういうことでも参考になります。

ありがたいことに、私たちの場合、日常生活のすべてが自分たちを教育するためにあるといってよいくらいだと思います。初めからうまくはいきませんが、そういうつもりでやっていけばだんだんと変わっていくと思います。

******　　******　　******

質問者　私は大学三回生の頃、ボランティアで不登校の生徒の相手を週に一度させていただきました。その子と話をしていたとき、その子のストーリーのなかに自分のストーリーを見てしまいました。中学生のときに自分が経験したことが、臨床を目指そうとしたきっかけになったのですが、自分が今まで隠していたものを見つけてしまい、こころがすごく揺さぶられました。その子に自分の出来事を話してしまいたくなり、何度も抑えようとしたのですが、ついに話してしまいました。臨床心理士を目指す立場としては、自分のことを話すことはよくないことをよく理解していたのですが、それ以来、自分は臨床心理士に向いていないのではないかと悩んでいます。河合先生にはそういうご経験などおありでしょうか。

河　合　そういうことは非常に大事です。クライエントの話に自分の物語が大きく重なってくることは、割とあることです。重なりが強い場合は、こちらまで揺さぶられてしまいます。向こうも揺れるけれども、共に揺れてしまうこともあります。

そのとき、あなたがおっしゃるとおり、普通のカウンセラーは「私にも、そういうことはあったよ」ということは言わない。しかし、カウンセリングには、「一般的にはいけません」ということはあっても、「絶対にいけません」ということはないと私は思うのです。人間どうしの関係というものは、それほど難しいのではないでしょうか。

なぜ一般的にいけないと言われているのかも、知っておかないといけません。なぜいけないかというと、もしあなたが同情して話していくと、「そうだ、そうだ。学校なんか行かないのは当たり前だ」となってしまうからです。下手に迎合してしまい、安心して話ができないとか。あるいはあまり話が一緒だから、その子が「お姉さん、これをして。あれをして」と言い出して、あなたにベタベタくっついてくるとか。そういうことがたくさん起こります。

そして、これも大事なことですが、人間世界に同じことはないのです。たとえば私が友だちと話をしていて、『おまえも中学三年生のときにカンニングをしたのか。同じだな』と言ったとしても、絶対に同じではありません。カンニングはした。しかし、する前の考え方やした後の考え方などはすべて違います。似たようなことはもちろんたくさんありますが、同じ事柄というのは、人間世界にはありません。だから、「同じだ」という思いには、どこかに無理があるのです。「同じようにカンニングをした。カンニングなんか大したことない」と結論が出たとしたら、それはどこかでごまかしているのです。「あなたもそうだった。わたしもそうだった。それならば、お母さんを怨むのは当たり前だ」という結論が出たとしたら、それもおかしいです。

「とても似ている、ほとんど同じだ、けれども、どこが違うのか」、あるいは「違うはずなのに、なぜわたしのこころはここまで揺さぶられるのか」と問いかけてはいかがでしょう。このように考えるべきことがたくさんあるのに、それを放っておいて、「二人は同じだ。同情します」というのはいけない、と言っているのです。しかし、絶対にしてはいけない、ということではありません。滅多になかったけれども、私もあったかもしれません。私もそう言ったことがあったかなぁ……私はないでしょうねぇ。

自分がクライエントになる、クライエントの体験をするということは、たいへん良いことです。私は分析を受けているから、ある意味ではクライエント体験を持っているのです。クライエントは、カウンセラーは何を考えているのか、カウンセラーは自分をどう考えているのか、もっと極端にいえば、カウンセラーは自分のことを好きなのかと、ものすごく気になるのです。そういうときにカウンセラーが「自分も同じ体験をした」と言うと、ものすごくうれしくなります。「このおっさんに好かれている」と。人間というのは浅はかなもので、少し好かれたらうれしくなるものですから。

その意味では、自分がやったことを言っていいように思えるけれども、そういう浅いレベルで喜んでいるうちは話になりません。もっと深く行かなければいけないので、普通は言わないのだけれども、分析家がそれを破って、自分のことを言ってくれたとき、ものすごく感動をした体験が私にもあります。絶対に言ってはいけない、ということではない。もしも言ったときに大事なのは、そのあとです。あなたの場合その後、どうなりましたか?

質問者　その日はそのまま帰りました。次の会にその子が来たとき、『わたしが話をしてびっくりした? どう感じた?』と聞いたところ、『安心した。わたしもそう思ってた。わたしと同じ人がいるんだと思った』と言っていました。

河　合　下手な人は、「あなたもそうだった。わたしもそうだった」と意気投合をして、「良かった」で終わってしまい、それはよくありません。あなたのように、もう一度反省して、「あんなことを言って悪かったのではないか」と思い、『ごめんね。でも、あなたはどう思ったの』と言うことで、やったことをもう一度、突き放して、二人で見ることが大切です。そういうことをすればよいのです。私たちも、思わずやってしまうということがありますが、大事なのはやった後です。やったら必ず謝れというわけではありません。そういうことをやった後、その人が前よりもぐっと良くなっていたら、「あの際は言ったほうが良かったのではないか。普通はいけないのに、なぜ、あのときは成功したのか」と考えるわけです。

一般的なルールと違うことをやったときは、その後がものすごく大事です。下手な人ほど、やった後を忘れてしまうからいけません。「時間を延ばしてはいけない」というルールに反して、時間をずっと延ばす場合もあるでしょう。その延ばしたことで次はどうなるのか。私たちは一般的なルールを破ったときに、その後のことを考えなければいけません。あなたの場合、そうやった後、客観化して話をして、その子はそれによって安心をして、頑張ろうとしたのだから、あまり悪くなかったわけですね。しかし、そうだからといって、どんな子にも自分の体験を言ったほうが良いわけではありません。その子の場合はなぜ良かったのか。それはおそらく、あなたの話を自分のものにして、客観視することができる力を持っていたからです。だから良かった。そのように考えていくと、いろいろな場合が出てきます。

　カウンセリングには、絶対的なルール、絶対的なマニュアルはありません。人と人が接するのですから、一回ごとに反省したり、考えたりすることが大事ですし、それを怠っては駄目です。あなたが言ったように、「わたしは臨床心理士に向いていないのではないか」と思うほうが当たり前です。皆、どこかで必ずそう思うはずです。「自分はどう考えても臨床心理士になる他ない」と思うくらい自信のある人は、やめたほうが良いと思います。そういう人は怖いですから。それよりは、「これで良いのか」と思いながら、それでもやっていくところが大事だと思います。

＊＊＊＊＊＊　　＊＊＊＊＊＊　　＊＊＊＊＊＊

質問者　高等学校で教育相談の仕事をしている者です。専門的な勉強をしていないのですが、そういう相談を受けて、「これは自分の手に負えない」と思ったとき、どのようにすればよいのでしょうか。

河　合　その場合は、それにふさわしい人を紹介することが大事です。それから、自分の手に負えないこともありますが、向き不向きということもあります。自分ではなく、もう少し違うタイプの人の方が向いている場合もあります。私の場合、割と率直に言います。『私はこういう人間です。しかし、こういうやり方でこういうことをやっている人がいますので、あなたはそちらのほうが良いのではないでしょうか』と言い、『はい』と言われた方には、紹介状を書いて、行ってもらうようにしています。

　ただ、そのときの言い方ですが、「あなたみたいな変な人は、わたしには駄目だ」「あなたみたいなむちゃくちゃな人は手に負えない」という言い方にならないようにする必要があります。「あなたに向いた人、あなたにとって適切な人は、どうも、こういう人ではないか」と。そこが大事です。「あなたの幸福にとって、この道が一番大事だと思うから、そこへ行ってください」という紹介をしたほうが良いと思います。

紹介をしたら、その紹介した人に必ず聞くことが大事です。「あの方はどうでしたか？　どうなりましたか？」と。そこで、「そういうふうにいくのだな」とか、「あの人でもうまくいかなかったのだな」と考えながら続けていくことで、こちらも成長していきます。

あるいは、自分とあまりにもタイプが違う人の場合、私は他に紹介したことがあります。「自分とは違うようだから、こういう人のところへ行ったらどうか」と。お医者さんに行ったほうが良い人もいます。だから、そのあたりは無理をしないことが大事だと思います。そして、そのときの言い方に注意することだと思います。

子どもたちのこころの現状と未来

山中　康裕

ここでは、私がいま関心を抱いている「現在の少年たちのこころの変容」の状況について考えていきたいと思います。

このごろ、おかしな事件がたくさん起きるようになってきました。新聞で読むと、原因となったのはほんの些細なことなのに結果だけを見るとものすごい事件が載っています。

さかのぼると一九九七年に神戸で起きた、酒鬼薔薇聖斗と名乗った少年の事件は、それまでと位相を変えた事件でした。事件そのものがあまりにもおぞましかった。首が校門に晒されたこと、少年が被害者の少年の血を飲んだこと。この二つがあまりに鮮烈であったため、マスコミは、間違いなく中年男性の仕業だと決めつけました。白い車が止まっていた云々という話から始まり、すべての町内会が総出をして、神戸の閑静な住宅街の公園のすべてで、変な男が潜まないようにと、高さ一メートル三〇センチ以下の下草をぜんぶ刈りました。親が付き添って、子供たちの集団登下校が始まりました。犯人のご両親も、自分の子供が犯人だと思いませんから、そうした活動に率先して参加していたようです。

これが、私が最近の少年のこころの状況が変わってきたことに関して、第一頁に置く事件です。

当時、立花隆氏が『文藝春秋』に「六回の公判」記事を載せました。私はその記事をつぶさに読み、『中央公論』に「少年事件の心の影にあるもの」という論文を書きました。まずは、そのことから始めたいと思います。

一九九七年・神戸

私はこの事件で大変驚きました。もちろん世間も驚きました。当時のマスコミの論調は、首を晒したということと、血を飲んだということで、猟奇殺人という見方でした。とんでもなく異常な中年男性がとんでもなく異常な状態に陥って起こした事件に違いない、という書き方でした。

しかし私は、一部の病理的な人間の犯行とは考えませんでした。あとで公判記録を読めば読むほど、そう思いました。

清明な意識のなかで

第一に驚いたことは、公判が六回と、相当時間をかけていることです。被告人として台の上に立たされて、判事・検事・弁護士・傍聴者がずらりと並ぶという異常な事態のところで、意識を清明に保ち、六回の公判に耐えることは、大の大人でさえ大変です。そのようなながか、少年Aは六回の公判中、意識がとてもクリアでした。きわめて冷静です。冷静であることを傍証すると、殺人を犯したあと、彼は毎日、タンク山に出掛けています。タンク山で遺体が発見されると、青いシートにくるまれて、自衛隊と兵庫県警が警邏《けいら》していました。彼はそこへ行って、警察官に『こっちのほうは危ないから行かないで』と言われて『はい』と答えたあと、ぐるりと廻って、そこへ二度行ったそうです。警察官も自衛官も「そういえばそういう少年がいた」と気づくのは、ずっとあとのことです。

なぜそこへ出掛けていったかというと、彼には目的があったのです。「人間は死んだらどうなるのか」という根源的なテーマです。毎日出掛けて、二時間見ている。ところが三日目に、彼は飽きてしまいます。なぜかというと、何も変化が起きないからです。唯一起こったのは、体温の低下と死後硬直と死斑です。それは彼にとって何も面白くないわけです。人間が死んだらどういうすごいことが起きるのか。それが彼の興味であり、それでとうとう殺《あや》めてしまったのですから。

「少年のしたことを是とするのか」と誤解されてしまうといけないので、最初にお断りしておきます。精神病者であろうとなかろうと、神経症者であろうとなかろうと、正常者であろうとなかろうと、死をもたらす殺人を犯したら、それに値する罰を受けるべきだというのが私の考えです。

こう言うと驚く人もいるかもしれません。というのは、刑法第二九条があるからです。この刑法ができたのは一八八八年で、十九世紀のドイツ法に基づいています。あの法律で一番問題なのは「心神耗弱」という視点です。「心神耗弱」と「心神喪失」という法律用語があります。「心神喪失」という判断がもし下れば、無罪です。「心神耗弱」であれば、一部罪科を認め、一部放免するというかたちがとられます。これはドイツ法そのままですが、私はそれが間違っていると思います。

私の意見は、精神病者であろうと、神経症者であろうと、アルコール依存症であろうと、正常であろうと、何だろうと、殺人を犯した者に対しては、それ相応の咎《とが》を科すべきだと思います。そのうえで、精神病者などの場合、処遇する場所や方法論が変わってくるにすぎない。だから私の論理では、無罪には絶対になりません。

なぜかというと、「心神喪失」とは人間ではないということなのです。「お前は人間ではない」と法律が勝手に判断しているのです。精神病者であるという判断が下った途端、人間ではないという判断を下しているわけですから、その人は人間の法律の適応を受けないという論理なのです。それが当時のドイツ法の論理なのですが、私は違うと思います。

私は精神病者と四十年間、付き合ってきました。私の考えは、ほんの少しの精神病者を擁護して他を云々するという論法ではありません。私は、精神病者といえども人間であると考えています。そのうえで四十年間、精神科臨床、心理臨床をやってきた人間ですから、あの法律がある以上、間違った観念を払拭できないと思います。新聞もそれに乗ってしまっていますが、それがまず間違いです。この話は、ここでの本論からはかなり遠い話ですが、根本のひとつです。

宗教的な問題

「少年Aは意識が非常に清明であった」ということを第一に挙げましたが、これから第二のことを述べましょう。

検事が二人がかりでこう言っています。『君はビニールシートから少年Bの血を二度も飲んでいると聞いているが、それは本当か』と。少年Aはこう応えます『はい、ほんとうです』。『それはどういう理由だ。なぜか』とたたみ込むと、彼の答えは聴衆すべてをびっくりさせました、『それは、僕のこころが汚れていたからです』。検事は『汚れていたからどうなのだ』と問い質します。そこで彼が使った言葉は、私のイメージで変容して、私の言葉に変わっているかもしれませんが、たぶん彼が言いたかった言葉を使うと、『なにも汚れていない清らかな少年Bの血を飲んだら、僕のこころが少しは滌《すす》がれると思ったからです』ということです。これが、公判廷記録を読んで私が驚いた第二項目です。

私はこのことを論文のなかで、「極めて宗教的な問題である」とまとめました。自分のこころに汚れが生じる。その汚れをどうやって滌ぐか？　それは宗教性のテーマです。このテーマは現代では極めて薄くなってしまいました。「宗教というとまやかしのインチキ宗教ばかりで、いい加減な人間が信じるもの、いい加減な人間がやることだ」、それが皆の宗教観の一部をかたどっていますが、本来、宗教はそのようなものではありません。宗教とは、「人間が死んだらどこへ行くのか」というテーマをすぐれて扱うものです。それとの関わりで自己規定していく考え方が宗教の根幹だと思いますが、少年Aの事件は、それにかかわるものでした。

創造性にかかわる分野

第三項目は次のようなことです。『なぜ、君は首を校門に晒《さら》したのか。しかも二度にわたって動かしている。君しか触れないはずだ。君がやったのか』『そうです。僕がやりました』。『どうしてだ』と聞かれたとき、『これは僕の作品だからです』と応えているのです。これには非常に解釈がいるし、大変難しい部分です。ここからは私の独断が入ることをお許しください。

私は先ほども述べたように、殺人をまったく認めていません。人を殺すことは、どういう理由があれ、受け入れることができません。ところが彼は「作品」と呼んでいます。このことを論究すると、論文のなかでも論理が二段階飛んでいますし、ここでもそうなってしまうのですが、「作品」という言葉は、創造性、クリエイティビティに関わります。しかし、死体を「作品」と呼ぶのですから、問題がありすぎます。検事は『そんなことは後づけだ。エセ論理だ』と言うわけですが、そういう物言いも可能だと思います。ただ、私の論理の場合は、それとは違います。私は、クリエイティビティに関わる分野だととらえました。

そして第四項目は「そもそも人間は死んだらどうなるのか」というテーマです。

普遍的無意識という視点

これまで私が挙げてきたのは、宗教性の問題、実存の問題、創造性の問題、哲学的な問題です。これらはどういう領域でしょうか。

私の師である河合隼雄先生が日本に正しく導入されたユング心理学には、私にとっては理解できない部分がたくさんあります。その反面、ユング心理学でとても気に入っている部分もいくつかあります。そのひとつが「普遍的無意識」についてです。collectiv unconscious を河合先生が訳されたのがこの用語ですが、〝コレクティブ〟を「普遍的」と訳すのはどうかという議論が一部ありました。〝コレクティブ〟は確かに「集合的」と訳される方が普通ですが、河合先生はこれを普遍的と訳されました。人類だけではなく、もしかすると動物界や植物界にもあまねく普遍的に存在するかもしれない無意識という意味です。

「無意識」という概念をいちばん最初に言い出したのは、心理学の世界ではジークムント・フロイトですが、フロイトの言う無意識を、ユングは「個人的無意識」と呼びました。個人がこの世に生まれてから現在に至るまでの間に、意識にとって都合が悪いと排除されたものです。したがって、個々人で無意識のあり方は違ってきます。ある人にとっては、セックスが意識の認容するところとならないため、抑圧する。ある人は、攻撃性が少しでも存在すると自我が脅かされるので、それを排除する。ある人は数学が大嫌いである。このように「個人的無意識」とは、一人一人違うものです。無意識の構造は一緒ですが、内容は違います。

ところがユングの言う「普遍的無意識」には、一人一人の個人差はありません。そして彼は、普遍的無意識とは決して意識化することができないものだ、と言いました。それなのに、なぜ人間の意識や想念の対象となりうるのか。ユングはそこも心得ていて、尋常な方法では決して意識化できないものが人間の意識の対象として俎上に乗るには、ふたつの方法があるとしました。

ひとつは、万人に与えられているものですが、夢という方法論です。夢を見ることでときどき、普遍的無意識から送られてくる情報を知覚することがある。ユング自身は、夢という方法論こそ、万人に与えられた、普遍的無意識に、直接的ではないけれども間接的に関わる方法だとしました。そしてもうひとつは、神話という方法論です。神話というと、「そんな古いものを取り出してきてどうなるのか」と思われるかもしれませんが、ユングの考え方では、そうではありません。

なぜ人間は死ぬのか

少年Aの事件には、そうした普遍的無意識に関する問題がからんでいます。

彼が「なぜ人間は死ぬのか」というテーマを持たざるを得なかったのは、十一歳のときにおばあちゃんが脳梗塞で亡くなったからです。おばあちゃんは彼のことを可愛がってくれて、この世の中に彼が存在することを唯一喜んでくれました。もちろん、両親が喜ばなかったという意味ではありません。彼の両親は普通の反応をする普通の人でした。彼が何を考えて、何に悲しんでいるのか、何を思っているのかは、あまり深くわかりませんでした。ところがおばあちゃんは彼のことをよくわかってくれて、彼を理解し、包み込み、愛情たっぷりでした。

そのおばあちゃんが十一歳のときに突然、亡くなったのです。根こそぎにされた、世の中がひっくり返ったような状態になり、そこから「死ぬとは何か」「死とはどういうことか」というテーマを持つことになりました。彼は酒鬼薔薇聖斗という名前を使って神戸新聞に切り張りの文章を送ったとき、ニーチェやヒトラーまで引用していました。ちなみに、ヒトラーはおそらく死の側から魅入《みい》られてしまった人間だったし、ニーチェは自分では望まなかったけれども、梅毒という病気が脳を冒してしまい、それを知らないまま、そのことを言葉にすることができた唯一の哲学者です。

そういう問題を提示したのが一九九七年の事件だったと思います。

文化の変容とこころの変容

その三年後、バスジャック事件が起きました。福岡でバスの運転手に刃物を突きつけて、東京に行かせた十七歳の少年の事件です。そして二〇〇六年、宇治の二十三歳の大学院生による女子小学生殺人事件、これらはほぼ同じ年——一九八二年から一九八三年のあいだ——に生まれた人たちが起こしたものでした。

リアリティとの切断

その年代は、パーソナルコンピューターが家庭に一般化した頃です。

文化のあり方が、人間のあり方をどんどん変えていきます。たとえばテレビを見ていると、画面の中で昨日死んだ人物が今日も出ています。小さい子どもには、人間は殺されても何度でも再生できるのではないか、と感じられるでしょう。論理では、死んだら戻ってこないことはわかるのですが、イメージではそうではないのです。このような奇妙な連関が勝手に始まっているのではないでしょうか。

また、一九八二年から一九八三年にかけては、バーチャル・リアリティが組上にあがってきて、リアリティとの破断が進みました。

酒鬼薔薇聖斗は頭が良く、極めて意識清明であって特異な存在ですが、これを一人の頭の良い、あるいはおかしな少年が犯した事件とは、私は見ておりません。彼は、現代の青少年たちのこころのなかに起こっている変化の、突出した反応に過ぎないというのが私の見方です。

バリアのほころび

普遍的無意識は決して意識化できない、と言われるのはどういう意味かというと、普遍的無意識と個人的無意識のあいだにひとつの層があり、個人的無意識と意識のあいだにもうひとつの層がある、ということです。つまり、少なくとも二層のバリアがあるため、意識化することができません。

最近、そのバリアがあちこちで非常に薄くなってきています。たとえばフロイトの考え方では、父親殺し・母親殺しといったりもするものがあります。これは神話の話です。エディプスコンプレックスも神話の話であり、象徴的に代替させるものです。男の子は、象徴的に母親殺しをできなかったら結婚できません。象徴的な母親殺しをして、女性を自分のものにすることが、西欧流の心理学の考え方です。これはあくまでも神話の領域であり、象徴的なことなのですが、いまはこれが現実的に、父親殺し・母親殺しが頻繁に行われています。滋賀の事件では、母親がちょっとおもしろくないということで、我が子を簡単に殺しています。これまではきちんとバリアがあったのに、それがほころびているのです。

これは、こころが変わっているからです。こころが根本的に変容しているのではないでしょうか。人間のこころがあちこちで切れてきたのではないでしょうか。たとえば「キレた」という言葉があるように、とくに自然（ネイチャー）と切れてしまって、別なところに簡単につながってしまう。この別なところにつながったときに変な事件が起こるというあり方を、悪循環で繰り返していったら、五十年後に現在の日本がどういうかたちで存続しているのか、私はとても心配です。

切れたものをつなぐ川

切れぎれに切れてつながっていないものをつなぐのが川だ、と私はみています。

地表で一番高いのは山で、低いのは海です。山と海をつなぐのは唯一、川であり、そこを流れるのは水です。水は零度から百度までのあいだでは液体という性状で、百度を超えると気体という性状になり、零度以下になると固体という性状になる物体です。この水が地球を覆っています。人間は水という存在物を利用して生きている、この地球を守るためには、水や川をどうするのかというテーマが大切になります。

そこで私は、去年の三月に京大を退職してから、カワンセラーになりました。カウンセラーではありません。まずは九頭竜川に、ヤマメの稚魚を七千匹放流しました。NPO団体や地元漁協、NHKのスタッフらに協力してもらい、幼稚園児がその稚魚を放流しました。その後、幼稚園児に魚の絵を描いてもらうと、皆がヤマメの渦模様まできちんと描いてくれます。そういうものをひとつの原点にしながら、子供たちのこころをもう一度、自然とつないでいこう、という運動を始めました。

子供たちのこころが変容してきた。無意識の守りが非常に薄くなった。確かに事件は突出したものではあるが、特別な人たちの事件なのではない。誰が起こしてもおかしくないものなのだ。皆のこころが少しずつ変容してきている。

じわじわと切れ切れになりつつある子どもたちのこころをどうつないでいくのか。そのことを私は始めました。皆さんもまず自分の足元から始めて、そのことを少しずつ考えてください。

そうしたことに気づいている人たちが、学校に行っていられないということで登校拒否をしたり、いろいろと悩んでいる存在なのです。私たちの目の前にいるクライエントは、そういうことに他人より先に気づいてしまった人たちです。そうかといって、彼らをすべて肯《がえん》ずるわけではありません。たとえば彼らの親は大変な思いをしているからです。確かにいろいろな苦しみや悩みがありますが、それは大事なのです。

私は京都大学で「カウンセラーとは、悩みを取る人ではない。悩みを本当の悩みで悩める人にするべきだ」と教えてきました。神経症や精神病の方々は、偽りの悩みで悩んでいるのです。その偽りの悩みを本当の悩みにしてあげることが大事なのです。悩むことができる、考えることができる、苦しみことができる、この立派な能力をきちんと存続させてあげることこそが、人類の未来を拓くのであり、そのお手伝いをするのがカウンセラーだと思います。

質疑応答

質問者　不登校の子どもの教育相談をしている者です。

先ほどバーチャルリアリティということで、「こころが変わってきている」という話をされました。私も酒鬼薔薇聖斗くんの事件に興味を持っております。世の中には驚くような事件が起こっており、それを厳罰する世論が満ち満ちているのではないかと思います。さきほど、たとえアルコール依存症や心神喪失でも然るべき咎を受けなければいけないというお話をされていましたが、こころが変わってきている状態のなかで、そういう方法がどうなのか。山中先生はそうではないと思いますが、世の中はそういう厳罰主義の流れだと思うのですが。

その質問がひとつ。もうひとつは、こころが変わってきている状態のなかで私たちがカウンセリングする際、さまざまな問題を持ったクライエントに対して、カウンセラーはどのような配慮をすればいいのでしょうか。

山　中　最初の質問についてですが、あなたは「山中先生は違うだろうが」と見抜いてくださいました。それはなぜでしょうか。

質問者　「たとえアルコール依存症や心神喪失でも然るべき咎を科さなければいけない」とおっしゃったとき、相応の咎にはいろいろなものがあるでしょうから、それがイコール厳罰主義だとは思いませんでした。

山中　私の話を相当よく聞いてくださったようで、ありがとうございます。いま「少年法の適用年齢を下げるべきだ」という意見が世の中にあります。佐世保の事件では、殺された方が十二歳、殺した方が十一歳でした。そういうことから、「適用年齢は十歳にすべきだ」「曖昧にするから、少年たちもいい加減にしているのだ」という意見があります。あるいは、「死刑はもうひとつの人権蹂躙である。人間が人間である権利を人間が奪うことはできないはずだ。だから、死刑は極力廃止の方向に持っていくべきだ」という論も、他方であります。

「厳罰主義でなければ取り締まりすることはできない」という風潮が世間にはあり、それにどう対応するのか。それについて私は一言で申し上げることはできないのですが、世間で「厳罰主義でいくべきだ」と言っている人は、本当に厳罰主義でいくならば、本当の愛情を持っているかどうかが問われるべきだと、私は思います。

河合隼雄先生のお兄さんである河合雅雄先生と、井深大さんと、私の三人で「零歳の討論」をやったとき、自分の父親を論じると顔が急に変わって、こういうことを言われたのです。『わしは父親といったら、まず考えるんや』と。雅雄先生は小学校の四年生の頃に、嘘をついたそうです。そうしたらお父さんがものすごく怒って、「嘘をつくような人間は、こうする」と言って、納屋に閉じこめたそうです。寒いし、急に小便がしたくなってきた。しかし、ここでしてしまうと臭いし嫌だと思っていたら、外でジャーという音がしたそうです。実はお父さんは納屋の外にずっと仁王立ちしていたのです。両方、同時におしっこをしたくなったのは、やはり親子だからでしょうが、お父さんがジャーとやったとき、「父ちゃんは外に立っていたんや」とわかった途端、彼は大泣きして、『父ちゃん悪かった。俺が嘘ついた。ほんまや。悪かった』と謝ったそうです。そうしたらお父さんは許してくれた、というお話を聞きました。

これが父親です。この罰の裏側には愛情があったのです。愛情の裏にははっきりと確信を持っています。他方、厳罰を語るときの厳しさは本物です。厳罰だけを言っている人は愛情がないのです。内容が全然ありません。愛情があるからこそ、厳しさがある。「父ちゃんは俺のことを思って怒ってくれたんや。自分の方が寒いのに外にいてくれたんや」、これが子どもへの本当の教育です。

いまのご質問のひとつめのほうは、いま「厳罰主義」を語っている人たちは、愛情抜きで方法論だけを言っているので、ほとんど信用していません。どういう方策を採らなければいけないのかを前提にしたうえで「厳罰」を唱える人がもし出てきたら、信用してもいいと思います。

ふたつめの質問ですが、それに対するカウンセラーの心構えは非常に大事なところです。目の前にいるクライエントが本当は何を伝えたいと思っているのか、本当は何を聞いてもらいたいと思っているのか、その話を聞いてあげられる人になってほしい。それだけが私の答えです。

要するに、金科玉条のようにいくら立派な言葉を挙げても、内容のないものをいくら挙げても駄目です。目の前にいる、自分をカウンセラーとして求めてきた存在に耳を傾けて、その人が本当に伝えたいことは何なのかをとことん聴いてあげられるようになってほしい。それがカウンセラーの本道である。そういうひとつのモットーを挙げて、お答えにしたいと思います。

******　　******　　******

質問者　最近の事件は一九八二年頃にパソコンが導入されて以降のことであるというお話でしたが……。

山　中　それはひとつのエポックメイキングな目玉として述べただけで、もう一つ、テレビが始まった頃が問題です。それはアメリカならば一九三十年代です。日本では一九五〇年代でした。

質問者　ラジオやテレビやパソコンは今後なくなることはなく、そうしたバーチャルな世界をよりリアルなものにしようという動きだと思うのですが、そういったなかで子どもは育っていくと思います。いま起こっている事件がなくなるためには、どのような社会を作っていくべきでしょうか。

山中　いまのご質問者は若者らしく、「バーチャルな世界を生み出すものはなくなることがなく、もっと新しいバーチャルな世界が開発されていくだろう」とおっしゃいました。同時に「よりリアルなものに近づけようという動き」ともおっしゃいました。それがバーチャルの落とし穴なのです。よりリアルに近づける、というのは嘘ではないでしょうか。要するに、三次元構造とか、音がしたり、匂いがしたり、触っているような錯覚を起こさせるバーチャルであっても、私に言わせれば、それはただのバーチャルです。

自然というものがあります。それとどう接し、どうやってそこから学ぶのか。それがあなたへの答えでもあるのですが、私がテーマにしたのはそこです。

ただし、非常に細かい部分でものを言って、それをすべてのことへと普遍化すると危ないです。私はこの前、ナイル川に行きました。呆れてものが言えなかった。ナイル川がもしなかったら、エジプトなんか何もないです。自然というのは、乾燥そのものです。ルクソールの年間降雨量は一・五ミリグラムです。考えられないでしょう。想像を絶する無水状態です。砂漠というと「月の砂漠」の唄にあるサラサラとした砂を思い浮かべるかもしれませんが、そんな甘いものではありません。石みたいにカチンカチンです。そこで「自然とは克服すべきもの」という哲学が出てくるのは当たり前だし、誰かが「こちらへ行け」と言えば皆がそうする一神教でなければいけない、というのもわかります。厳しいのです。だから、西洋の哲学や宗教では「克服すべき自然」が第一テーゼです。

しかし日本人の自然観は違います。沖縄の人は「台風が来ないと雨がないからな」とおっしゃいます。台風も入れて自然なのです。どれだけ猛威を振るうとしも、しばらくすると過ぎ去る。恵みの雨を与えてくれる。そのなかでどう調和して生きていくのか、が問題になります。西洋、特に中近東では、そういう自然とは違います。尋常ではありません。しかしそういうところでも、自然をよく直視すると、たとえば地下四〇メートルに水があります。砂漠でもそこから水を汲み上げて、どうにかしてオアシスを作ろうとします。でもその一点だけでは、地盤沈下したりいろいろなことが起きるので、そのなかで人間はどう生きるのかを一所懸命考えています。

なぜ、こういうことを言うかというと、私は、「人間の自然」とも関わるべきだと思うからです。たとえば、性的存在である自分や、攻撃的存在である自分と、どこまで付き合うことができるのかが必要だと思っています。この頃は優しさごっこが流行っていて、「攻撃はいけない」「喧嘩はいけない」と、いけないばかりで、何もするなと言っています。しかし、私は喧嘩はすべきだと思っています。小さい頃に喧嘩をしていれば、どこまで殴れば鼻血が出て、どこの部分をどのぐらいの力で捻ったらひっくり返って、どこで気絶して、どこで死ぬかはわかるのです。だから手心を加えることもわかるし、抑制の力を知ります。それなのに、喧嘩をしていないから、死ぬところまで殴ってしまうのです。

喧嘩はすべきなのです。学校の先生が「喧嘩をするな」とおっしゃるのはわからないこともないのですが、喧嘩はしたほうが良いと思います。親としても、喧嘩はできるだけしろ。自分たちでそれを抑制したり回避するのかを学ぶところまで見守らなければいけないと思います。適当なところでいい加減に切り上げさせるから、攻撃性が不発なまま、ずっと育っていって、「二十四歳にもなって仕事もせずに」という一言で、子どもが金槌でお母さんを殴ってしまうのです。それは、喧嘩していないし、殴られていないからです。どこまですればどうなるのかを一切わかっていないからです。

だから、人間の内なる自然、はっきりいうと「攻撃性」と「性」ですが、それともきちんと向き合って対応できることが必要です。そして、外なる自然、山や川といったものとどう関わるのか。このふたつを両方、私は自然だと見ているのです。その自然とどう対応するのか。それを一人ではなく複数でやっていくと、少しずつ、一人の経験が大勢で分用されていく。それがチャムシップです。十歳ぐらいの子どもたちが喧嘩などをしたりして、いろいろなことを共有していく、ということを取り戻していかないといけないのではないでしょうか。これだけ分立して、バーチャルな世界に埋没して、一人一人がデスクの上でパソコンをしていたのでは、それをどんなにリアルに近づけても駄目だと思います。

本当のリアルとは、そんなバーチャルなもののなかには絶対にありません。いま言った「本当のリアル」そのものとどう関わるのかを体験していかなければいけません。

もちろん、テレビはなくならないし、コンピュータもどんどん発達していきます。そのとおりですし、私もそう思います。私自身、携帯電話を使うようになりました。しかしながら、いくらバーチャルな世界でリアルに近づけても、そんなものはやはりバーチャルなのです。バーチャルな世界からリアルなものを生み出すことは、絶対に無理だと思います。

そういうことで、「本物のリアルなものとどう接するのか」ということに目を向けていかないと、これからも子どもたちはどんどん切れていくのではないか、というのが私の発想なのです。

＊＊＊＊＊＊　　＊＊＊＊＊＊　　＊＊＊＊＊＊

質問者　さきほど「攻撃性」のお話がありました。子どもが感情を言葉でうまく表現できないとか、自分のなかでもうまくとらえきれないことが問題になると思います。そういうこともバーチャルの世界と対応しているのでしょうか。

山　中　これは簡単には答えられない問題ですが、どこかで関連しているからこそ、私は目の敵にしているのでしょうね。あなたがいま捉えてくださったことはとても大事なことで、いまの子どもたちは、自分のこころのなかで起こっている感情の細やかな部分を言葉にできないのです。言葉にできない、どうしようもない感情のうずきやいろいろな思い、悩みをどういうかたちで言葉にできるのか。そのことが先ほどの、お題目のような「自然に接する」という言葉より、はるかに答えに近いですよね。

要するに彼らは、どういう言葉でそれを表現すればよいのかが、なかなかわからないのです。そういうことを考えている子どもはおそらく、それに類するものを探すでしょう。彼らがいま一番共感しているものは、漫画です。漫画の世界で同じような感情が表現されていると「これだ」と思うわけです。

ところが漫画は、一歩二歩先にその世界を実現しているのですが、やはり商業ベースに乗っているから、一度パターンが確立すると、百回読んでも同じです。ぜんぜん進んでいないので、そこからまた不足が生じます。私たちの子どもの頃は、ヘミングウェイ、ドストエフスキーを読み、人間の体感はどういうものなのかということ、大地にひれ伏して、舌で舐めて、「これが大地なのだ」と体感するような描写を味わいました。ツンドラが解けてやっと表れた大地に倒れ込み、全身を伸ばして、「これが自分が求めていた大地なのだ」と。そういう文章化の力を、古今東西の作家の力に求めていました。いまは、そんなものは古いと思われているのではないでしょうか。

こころのなかに起こる微妙なものをどのように表現すればよいのでしょうか。必ずしも言葉にしなければいけないとは思いません。言葉にすると二段階かかると思います。たとえば粘土を握っていたら、どういう感じになるのか。フィンガーペンティングで表現したらどうなるのか。なにか別の次元の表現を試みてみて、「こんな感じなのだ」と追求することも可能ではないでしょうか。

すぐに言語に直結させようとすることじたいに問題があると思います。私は先日、こういう文章を書きました。――「言語と音楽は抽象の極である。言葉を使った極は哲学である。東洋の唯識とは、極微の世界までいっている。それに比べれば、音楽は抽象の極であろう。この音楽はどこから出てきたのかを考えれば、最初は自然の物真似だったであろう。雷鳴の音、雨の降る蕭々とした音、風邪が超えていく音、そういった自然の模倣から始まったであろう。楽器も、最初は珊瑚礁や石の洞穴を通る時に不思議な音がする。それを持ってきて、楽器に仕上げていって、竹に穴を穿ったり、金管楽器や木管楽器ができていく。私は楽器の最高峰はピアノとバイオリンだと思うが、この発明により、音楽の表現は大変な広がりと深さを持った。そこで言語化できないものを、いかにして音楽的表現にするのか。……」。

私はモーツァルトに「影」の部分を感じます。モーツァルトを評する際に「天上の音楽」と言われたりしますが、彼は自分のなかに「影」の部分を抱いていた人です。そしてスカトロジカルな人です。それを一番よく知っていたのはお姉さんでした。お姉さんへの手紙にはその心情が表現されていて、楽譜のあちこちに、女性の前ではとても言えないようなことがたくさん書いてあります。それを読めば、彼が影の部分、性的な部分と葛藤していたことがよくわかります。それに加えて、彼の才能を周りがなかなか認めなかったことへの鬱憤で、攻撃的な部分が多少出てきたかもしれません。

何が言いたいかというと、言葉と体験をつなぎすぎないで、そのあいだの中間項を大切にしたほうがよい、ということです。その中間項には、音楽表現や身体表現や絵画表現や粘土表現などがあります。たとえ芸術表現でなくてもいいから、自分に適したものをどうやって見つけるのか。そこのところで子どもたちと一緒に悩んだほうが良いと思います。

ウンチの話をすると嫌がられるかもしれませんが、子どもにとってウンチは不思議なものです。触ってみると暖かいし、ニュルっとする。匂いもします。出す寸前までは自分の身体の中にあったものです。鷲田清一さんが言っているように、さっきまで自分だったものが寸後にそうでなくなったとき、その境界を超えたときに、「汚い」というらしい。唾でもそうですが、皆が汚いというものは、寸前までは自分だったものです。他人のものだったら汚いというのはわからないでもないですが、自分のものですら汚いというではないですか。これはおかしいことです。要するに、変な習慣が中間項に入り込んできて、そういう勝手な想念が自分に植え付けられてきているのです。

人間はウンチをしたとき、あの暖かさ、あのグチャっとした感じ、あの匂いで、子どもは泥遊びをしているのです。これが〇歳から二歳までの泥遊びの面白さです。お母さんは『泥遊びなんかしてはいけません。汚い』と言ってしまいますが、そういうところが彼らが伝えたい何かだと思うのです。そこが共有できれば、次に別のものを食べてみようか、という気にやっとなるのです。それを「ダメ」と禁止していくことは、先ほどの厳罰論と同じく、いつまでたっても本質には至りません。

本質に至るには、常識事項を一度括弧に閉じて、「本当は何なのだろう?」というところから、原点から出発して、一緒に考えることをクライエントとやっていかれたら、クライエントのほうも「この人ならば信用してもいいかもしれない。この人ならば僕の気持をわかってくれるかもしれない」となり、チラっと、「実はね……」と教えてくれる可能性もあるのです。

現代社会と子どもたちの悩み

田嶌誠一

私は九州大学の教授です。大学教授は偏見をもたれやすい職業であり、小さい頃からさぞかし勉強ができいわゆる優等生だっただろうと思われがちなのですが、実はそうではありません。学校時代は結構、先生方を手こずらせていました。

この本を手にとっていらっしゃる方のなかには、学校の先生、あるいは子どもたちと関わっている方が多くおられると思いますが、学校時代に親や先生を手こずらせて大変だった子どもも、実際にはその後、紆余曲折を経て、案外、何とかなってていることが多いのです。実は子どもたちの状況は、一般に思われるほど大変ではありません。そのことがまずここで述べたいことです。

少年犯罪に見る現実

子どもたちが置かれている現状はけっして楽観はできませんが、一般に思われているほど大変な状況ではありません。新聞などでそういう事件が報道されると、まるでしょっちゅう起こっているように思いがちです。「子どもは何かあると人をすぐに殺す。むちゃくちゃになっている。一体、どうなっているのか」と思っている方が結構おられますし、専門家やマスコミ関係も同じです。

少年事件の変容

ところが実際に統計をとって調べてみると、少年事件における殺人事件は非常に減っています。ひとつ事件が起きると大きく報道されるため、事件の数自体が多いように見えますが、少年による殺人事件はとても減っています。何十年というスパンで見てみると、最も多いときに比べると三分の一くらいに減っています。傷害事件も減っています。レイプも減っています。ところが、全体の少年検挙者率は増えているのです。何が増えているのかというと、窃盗と横領です。凶悪事件は減っているけれども、そうではない事件は増えている、というのが全体的な傾向です。この統計は専門的にはさらに厳密性が求められるものなのかもしれませんが、いま手に入る資料をもとにするとそういう傾向が伺えます。

ということで現在では、凶悪ではない事件が増えていることが問題のひとつです。それから、学校関係の問題が増えています。たとえば不登校の問題。この二年間はわずかに減っていますが、一二～一三万人の不登校の子たちがいます。いじめの問題は、実態の把握が難しいのですが、昨今はきわめて問題になってきています。このように、一般の少年非行という意味では落ち着いてきていますが、学校関係の問題が増えているというのが、おおよその状況です。

学校と子どもの関係

そうなると「学校は何をやっているのだ。教師はけしからん」という話になりがちですが、決してそうではありません。

不登校を例にとると、一般的な誤解として、ひと頃「学校では受験戦争が激しく、子どもたちにストレスがかかって、大変な状況になっているからだ」と言われましたが、これも当たっていません。昔は学校に行かない子もたくさんいました。戦後のドサクサ時がそうですし、その後、落ち着いた時代になっても、長期にわたって学校に行かない子は結構多かった。不登校が一番多かったのはその時代であり、決して現在ではありません。その時代のほうがはるかに多かった。団塊の世代以降、受験戦争がものすごく厳しくなりました。その頃、長欠率、つまり長期に渡って欠席する子の率が実は急速に減りました。不登校がいつ頃から増え始めたかというと、昭和五十二年からだそうです。この年、我が国で高校進学率が九割を超えました。今は約九六％と、欧米以上です。

このように高校進学率が九割を超えた結果、学校と生徒の関係が変わってきたということが、不登校増加の大きな要因として挙げられるのではないかと思います。学校の「子どもを引き付ける力」がとても弱くなってきたわけです。いろいろな理由で不登校になるのですが、それ以前は、それでもなんとか学校に行っていました。いまでは、何かあると、学校との関係が切れやすくなっています。このことが基本的な要因であり、その上に個々の事情が重なっているものと思われます。なお、この話については、精神科医の滝川一廣氏の論を参考にさせていただきました。

子どもたちの変化

私はスクールカウンセラーとして何年か非常勤で勤務しました。問題が多いと評判の中学校に勤務したのですが、それがとても良い経験になりました。打ち合わせに行ったところ、校長先生と教頭先生がバタバタしていて、スクールカウンセラーの相手どころではありません。何が起きたのかというと、なんと親が子どもを捨てて逃げてしまったというのです。他にも万引きや窃盗も多い。日曜日に電気店の倉庫に車で乗り付けて新品の電気製品を積み込んで捕まったというような「プロ志向型」もいれば、スーパーのお総菜を盗んで捕まったという「生活密着型」もいました。

悩みと葛藤の希薄化

その頃に印象に残ったのは、私たちの相談の対象となる子どもたちの様子が変わってきている、ということでした。ひとつは、あまり悩まなくなっています。こころの深いところでは悩んでいるのかもしれませんが、傍目にはあまり悩んでいるようには見えない。

たとえば不登校の子の場合、以前は、成績が良く小さい頃から良い子だった生徒が何かの拍子につまずき、それがきっかけで学校に行けなくなる、といったように、人に気を遣いすぎる「良い子」が多かったのです。「学校に行きたいけれども行けない」「学校に行かなければいけないと思うけれども行けない」という苦しい様子が前面に出ていたものですが、最近はそうではない子がずいぶん出てきました。なんとなく行かなくなっているのです。『なぜ学校に行かなくなったのでしょうか？』と尋ねても、親御さんも『さぁ？』という感じです。

あるいは葛藤が少ない。「行かなければいけない」という感じがありませんし、「学校に行かないと大変」という感じもありません。昔は、学校に行かないと「お前は人間として価値がない」などと言われてたいへん辛い目にあった子どもたちがたくさんいたので、その意味からすると良い面もあるのでしょうが、とにかく葛藤が少ない。「何とかしなくては」という感じがないのです。

非行のボーダーレス化

そして、非行と区別がつかない例が出てきました。以前は、不登校の子と非行の子はきれいに区別できました。最近はどっちともつかない子がいます。大きな悪いことはしないけれども、細々と悪いことをするタイプの子も出てきました。

そして非行そのものも変わってきました。以前なら非行少年には、ある種の社会性がありました。登校拒否と呼ばれていた頃の不登校の子は、社会性がありませんでした。非行少年というと悪いことばかりをして社会性がないように見えますが、非行集団のなかで適応するには社会性が必要です。たとえば目上の人に下手な言葉遣いをしたら殴られるとか、いろいろな社会性を身につけないといけません。序列がはっきりしていて、秩序があります。

しかし最近は、数人のグループで、誰がボスというわけでもなく、何となく悪いことをちょこちょことしています。もっと言うと、「社会性のない非行」が目に付きます。社会性のない非行とは、たとえば自分の部屋でひとりでシンナーを吸っているとか、何人かの仲間とゆるい徒党を組んで悪いことをするとかです。

あとは最近よく問題になっているように、不登校の場合、いじめをきっかけ（または原因）とした不登校がずいぶん目につくようになりました。いじめによる自殺もひと頃続きました。以前にもあったのかもしれませんが、少なくとも表面には出てきませんでした。

背景にある社会の変化

このように、つまずいたときの子どもたちの状態が変わってきています。これがひとつ大きな特徴だと思います。この背景には何があるのでしょうか。

モノの豊かさ

まず、私たちの社会が豊かになったということです。つまりモノが豊かになったということです。

昔はモノにココロを込めることができました。モノを貰うと、くれた人の気持がひしひしと伝わってきたものです。親が子どもにモノを買ってやれば、それだけで子どもは親の愛情をひしひしと感じることができました。しかしいまは、買ってもらって当たり前になっています。何かしてもらっても当たり前になっているのです。

「何かを得ることは、何かを失うことである」というのが私の大好きな言葉なのですが、逆に「何かを失うことは、何かを得ることでもある」ともいえます。カウンセリングでいうと、「何かでつまずくことは、何かを得ることでもある」といえるでしょう。事には両面があるのです。モノが豊かになり、私たちはいろいろと満足できるようになりましたが、その反面、失われつつあるものもあるのです。そのひとつが、モノにココロを込めにくくなったことではないでしょうか。

孤立化と分業化

背景の二つ目として、地域共同体が壊れてきたことが挙げられます。

昔からあった、その土地のつながりが失われてきました。昔は地域で助け合わないとやっていけませんでした。いまも本当はそうなのですが、たいていのことはお金を出せばやれるようになっています。昔は、引っ越しとなると知り合いに頼んでいましたが、いまでは、引っ越し屋さんに頼めばいい。お葬式もそうです。

このように、何でも個人で出来るようになりました。たいていのことは分業が成立するようになったのです。そうすると、家族の孤立という問題が出てきます。たいていのことは家族だけでやっていけるようになった。しかし、本当の意味では家族だけではやってはいけません。家族が孤立することでいろいろな問題が起こりやすくなったり、問題への対処が困難になったりします。

たとえば児童虐待がそうです。外部との風通しが悪くなり閉鎖的になると、内部で問題が生じたり、問題が生じたときの対応が困難になったりします。これは一般的な傾向です。学校や施設もそうですし、家族もそうです。風通しが悪くなると、母親が子どもを虐待するといったことが起こりやすくなるし、起こったときに歯止めがかかりにくくなります。以前は地域共同体がうまく機能していたので、そこで多様な経験をすることが可能でした。

遊びと情報の変化

おそらくそれに伴って、子どもたちの遊びが変化してきました。以前は大人数で外で、いろいろな年齢の子が遊んでいました。ところがいまは、少人数の同じ年齢の子が部屋の中で遊んでいます。私は遊びはとても大切だと思うのですが、充分に遊べない子が増えているのではないかと心配しています。

私たちの頃はよく「月光仮面ごっこ」で遊んだものですが、問題は、誰が月光仮面になるのかでした。近所の一番上のお兄ちゃんがやり、私は本当は月光仮面をやりたいけれども、悪人Aの手下をやらされる。これはすぐれて社会的経験だと思われます。これは、社会化される一歩手前における社会的な経験であり、昔は、子どもたちは遊びのなかでそれを自然と身につけることができました。いまはそこが難しくなっているのではないでしょうか。

もうひとつ、いまの子どもたちは私たちの頃に比べると、ずっとものを知っています。ものすごく情報があふれているからです。

いまの子どもたちは小さい頃から、映像に囲まれて暮らしています。イラクとの戦争の時にはその様子が実況中継されました。戦争が実況中継される時代など、かつてありませんでした。子どもたちは戦争さえ見ることができるのです。子育てでも、ひところ流行った「たまごっち」など、いろいろなゲームである程度の経験ができるようになっています。ここが大きな特徴だと思います。

子どもたちがある面での能力がすごく伸びている反面、これは擬似的な体験なのです。戦争を映像で見ただけであり、本当に経験しているわけではありません。しかし本人は知っている気になっている。擬似的な体験が氾濫しているのです。そのため私たちは、いろいろなことを実感しながら、いろいろなことを学習していくのですが、そういうことが難しくなっているのではないでしょうか。

さまざまな境界の変化

それから、世代間境界をはじめとして、いろいろな境界が壊れています。良い悪いは別にして、たとえば男と女の境界が変わってきたり、大人と子どもの境界も薄れています。

そのなかで、ものすごくルーズな子もいる反面、ものすごくきっちりしすぎている子が目立つようになった、ということが挙げられます。これは強迫パーソナリティと呼ばれますが、なんでもきっちりこなそうとするのです。そのままずっといけると良いのですが、途中でつまずいてしまうと、何もしなくなってしまいます。引きこもりにこういうタイプの人が多いのです。

変化するなかでのカウンセリング

このように、社会が変化してきたわけです。そうしたなかで私たちカウンセラーは、人を援助するのが仕事である私たちカウンセラーは、何を考えればよいのでしょうか。

私は「密室型援助」と「ネットワー活用型援助」に分けてみました。葛藤の少ない子が増えてきたということは、本人が悩んで相談に来ないということです。たとえ悩んでいても相談にはなかなか来ないのに、あまり悩んでいなければ、そもそも相談に来るはずがありません。つまり、「来週の金曜日に来てください」と言っても来ない人が増えたということです。あるいは、そういう相談にカウンセラーが出会うことが多くなった。

そうなると、私がしているイメージ療法とか、河合隼雄先生や山中康裕先生がされている箱庭療法や夢分析など、人の内面をじっくりと取り扱う、あるいは一緒に探求することは、一方ではすごく大事なのですが、それだけではどうにもならない人が増えてきた、ということがいえます。

問題はここであり、ここから先が分かれ道です。「そういう人は、私たちは関係ありません」という立場もあります。「本人が悩んで相談に来る人だけを相手にします」と。しかし、そういう立場の人ばかりではどうにもならないので、そうではない立場が必要なはずです。つまり「ネットワーク活用型援助」が必要なのだと思います。

ネットワーク活用型の援助

不登校を例に考えてみましょう。学校には行かない、行けない、しかしどこかの相談室には毎週来ている、そういう子は、はっきり言って、まだ力のある子です。本当に大変な子は来ません。しかし周りは困っています。親御さんや学校の先生が困って相談に行ったところ『本人が来ないとどうしようもない』と言われた人がたくさんいるのです。

スクールカウンセラーをしていると、本人も悩んでいない、親御さんも困っていない、学校の先生だけが困っている、というケースをたくさん経験します。そんなときに『本人に来るように言ってください』といっても来ません。そういうときはどうすればよいでしょう。本人が来ない。でも何か援助が必要です。そんなときは、周りの人たちのネットワークを活用するのがよいと思います。「人と人のつながり」を活用して、支えていったり、はたらきかけることが重要になります。

人のつながりを活用する

ある不登校の生徒の場合、学校の相談室に、お母さんだけが相談に来られました。きっかけや原因は不明です。お母さんや担任の先生が登校を促しても、身を固くして激しく泣いたりするので、登校が難しい。そこで相談に来られたのですが、その子はもともと内気でおとなしく、友だちも少なかったそうです。絵を描くのが好きなのですが、スケッチブックを見ると、不登校になってからは暗い色調の絵が多かったそうです。

こういうときに『本人に来てもらってください』と言ってもなかなか来ません。もちろん、本人を誘ったけれども『行かない』と言ったそうです。お母さんが来ているので保護者の方と面接するというのは、ある程度やられていることだと思います。保護者面接をして、お母さんの内面をじっくりと探求することで、お母さんが安定して、それが子どもが学校へ行くことにつながったという例は、ないわけではありません。しかし、それだけをあてにしてお母さんの面接を続けていくことも、なかなか難しいでしょう。

それではどうするのか。受容と共感というだけでは、こういう場合はうまくいきません。お母さんがカウンセリングを受けて、家に帰ってきた。当人はカウンセリングの先生が何を言ったかすごく気になっています。ここが問題です。つまり、私たちは何者なのかが、そのときに問われるのです。その子にとってどういう対象なのか。どういう存在なのか。だから、その際の最初のひと言がとても大事です。何でもそうですが、出会いの一言がものすごく大事です。

最初のひと言とその後

私はこれにたいへん苦労しました。頭をしぼっても、三年くらいなかなか良い言葉が思い浮かびませんでした。結局どうしたかというと、とても単純なことで、私はお母さんに『カウンセラーは「あなたが学校に行く行かないよりも、あなたが元気になることのほうが大事だ。元気になるために何をすればいいのか。そのことを考えていきましょう」と言ってたよ、と本人に伝えてください』と言いました。それを伝えた瞬間、その子の表情がパアっと変わったそうです。ものすごく安心した表情をしたそうです。明るい表情になり、それから絵をいっぱい描いたそうです。絵の色彩もガラリと変わったそうです。お花が微笑んでいたり、太陽が微笑んでいたり、誰が見てもこころが和む絵です。それをたくさん描き始めて、ずいぶん元気になってきました。

これで学校に行くようになれば万々歳なのですが、現場ではなかなかそういうわけにはいきません。

次に担任の先生にお願いしました。ときどき家庭訪問に行っていただき、本人に関わってもらいました。「学校に来い」とは言わずに、とにかく関わりを持ってもらいたい、と。その小学校の先生は熱心に家庭訪問をしてくれました。子どもは最初は嫌がっていたのですが、だんだんと会えるようになり、三十分くらい一緒に遊んで帰られるようになりました。

次にお母さんにお願いしたのは、近くに連れ出していただきたい、ということでした。放課後や日曜日に近所の公園など、外に遊びに連れ出していただきたい、ということです。そうすると同じ学校の子が来ていたりして、その子たちとお話しするようになりました。そして、休みの日に学校で遊ぶようになりました。そしてだんだんと保健室に入り、さらに教室にも入るようになりました。

原因さがしの落とし穴

そのケースはこのような経過を辿ったのですが、こうしたときによく失敗するのは「原因は何か」を考えてしまうことです。いろいろな立場の方がいらっしゃるでしょうが、私の場合、不登校のケースで「原因は何か」を深く追求することはお勧めしません。

たとえばお母さんの側では、子ども三人を育てた。上の二人は学校へ行った。一番下の子だけ行かない。「原因は何だろうか？　学校だ」と思うわけです。「そういえば、あの担任は頼りなさそうだ」などと。では学校の先生はどう思っているでしょう。自分が担任するクラスには三七人の生徒がいて、三六人は来ている。この子だけが来ていない。「原因は何だろうか？　家庭だな」と思うわけです。

お互いに「相手に原因がある」と思っている二人が会って話し合いをしても、収拾つかなくなるだけです。

不登校の場合、「原因」を探せば、とりあえず何か出てきます。しかしたいていの場合、ただ一つの原因によって現在の状況が起こっているとは考えられません。深刻ないじめなど、誰がどう見ても「これでは学校へ行けないな」というケースならば、ただ一つの原因で不登校になったと考えてよいかもしれません。そういう場合は「原因は何か」を考えて対応していくことが必要です。しかしそういう場合は例外で、そこまで単純に考えられるケースは非常に少ないのです。たいていの場合、友だちとうまくいかないとか、先生に怒られたことも、原因ではなく「要因の一つ」や「引き金」と考えたほうが妥当なことが多いです。

ですから、原因にこだわりすぎるとよくありません。こころの問題の場合、原因がすっきりとはわからないことが多く、むしろ本人が元気になって、実質的になんとかなったとき、「ふり返って考えてみるとこういうことだったかな」とわかることのほうが多いのです。繰り返しますと、「原因がわかることがこの子の援助に役立つ」と考えても、なかなかうまくいかない場合が多いものです。

元気になること

そこで私ならどうするかというと、不登校の子は何かの事情でいま元気をなくした状態にあるのだから、元気になるには周りがどうすればよいのかをまず考えます。

そして、少し元気になってきたら、本人と目標を共有します。希望を引き出すのです。何年も引きこもっている子がだんだんと外へ出られるようになったときに聞くのは、「どんな希望を持っているのか」です。私たちにとって、相手の希望を引き出すことはとても大事だと思います。たとえば五年間、引きこもっていた子が『こんなことを言うと厚かましいと思われるかもしれないけれど、行けるものならば学校へ行きたい』と言ったので、それを応援したことがあります。ある程度、周りが支えてあげると、当人の希望を引き出せます。こうしたことが私の関わりの重要な部分になります。

あるいは、元気になるといっても、それがうまくいかない場合もあります。そのようなときはどうすればよいかというと、これ以上、元気をなくさないためにはどうすればよいか、を考えます。

要するに、「原因」という言葉が少しくせ者なのです。

たとえば不登校になった子がいる。お母さんが不安定なことが原因かと考えれば、そう言えなくもないでしょう。ではお父さんはどうなのか。探っていくと、会社にかまけて家族のことをぜんぜん見ていない。お母さんがこんなに不安定なのはお父さんが悪いのではないか、と父親が原因だと考えることもできます。では父親はなぜこんなに家庭をかえりみないのか。それは会社でこきつかわれているからであり、会社が原因かもしれない。なぜ会社がそうなっているかというと、日本の社会が悪いのではないか。このように、何にでも「原因」という言葉を使えるのです。「原因」という言葉を使うとき、どの程度の意味で使っているのかに注意する必要があります。お互いに同じ言葉を使っても、まったく違うことを考えていたりするわけです。

これは「原因」を決してとりあげてはいけないという意味ではありません。考えてもよいのですが、「原因」に深入りしすぎないことです。原因の徹底究明よりも、あくまでも、「本人が元気になるにはどうすればよいのか」、そのヒントを得るための方策のひとつとして原因を考えてみる、といったことが重要だと私は考えています。

関係を絶たないように

学校現場における初期対応としては、「不登校は一週間が勝負」です。大人の仕事でも、三日休むと、四日目には行きにくくなります。私たちの身体には三日というサイクルがあるようです。三日の壁を超えてしまうと、学習ができたり、逆にできない状態が定着したりします。もともとの「原因」や「理由」は何であれ、一週間行かなかったら、そのあとはとても行きにくくなります。会社でもそうですし、学校でもそうです。ジョギングも、最初に走った翌日は足がパンパンに張って痛い。我慢しながら走ると四日目には不思議なくらい全く痛くなくなります。それと一緒です。学校に三年行っていないとか、五年間引きこもっているとなれば、もともとの原因が何であったかにかかわらず、ものすごく外に出にくくなっているのです。

イメージ的に想像してみましょう。子どもと学校とのあいだに道があります。学校に行かないと、その道には草がぼうぼうと生えてきます。自分の背丈よりも高くなり、学校がどちらの方向にあるのかもわからなくなります。毎日行けば草も生えないのですが、草がそれほど高くなってしまったら、ものすごく行きにくくなります。もともとの原因や要因は何であれ、しばらく行っていないということ自体が、ものすごく行きにくいという要因を発生させるわけです。これが私の基本的な考え方です。

そこで、学校や担任の先生との関係がよほどこじれている場合は別にして、そうでない限りは、基本的に学校との関係はなるべく切らないことです。「切らない・保持する・育む」ことが重要だと思います。そして、その際に大事なのは、本人に通じる「言葉」を持つことです。

現場で生きる臨床心理学

臨床心理学の本を読むと難しい言葉はたくさん出ていますが、本人に通じる言葉は非常に少ないです。

これについては、私は痛い経験をしています。不登校の保護者の集まりに呼ばれて、臨床心理学からみた不登校の話をしていたところ、そこに不登校の本人が一人、突然やって来たのです。そのとき私は慌ててしまい、しどろもどろになってしまいました。それでもその場はなんとか終わったのですが、あとで「なぜ私はそんなふうになってしまったのだろうか」と考えてみると、やはり、本人に通じる言葉を私が持っていなかったからだと気づいたのです。それからは、「本人に通じる言葉で不登校への援助を考えていこう」と考えるようになりました。先述の「元気になる」という言葉も、その過程で考えついたものです。

不登校の生徒や保護者に通じる言葉をどれだけ持っているのか。そういう視点で臨床心理学や精神医学の理論を考え直すと、いくつかの種類に分けることができます。一番目に、当事者を傷つける理論や言葉。これが結構なくもないのです。二番目に、当事者に理解できない理論や言葉。難しくわからない、あるいは的が外れていてわからない。これは結構あります。三番目に、当事者に納得できる理論や言葉。だいぶ良くなってきました。四番目は、当事者を勇気づける理論や言葉。さらに五番目があります。それは、当事者も当事者ではない人たちをも勇気づける理論や言葉です。ここまで目指すのは大変ですが、志は高く考えていきたいと思っています。その一方で気をつけなくてはならないのは、当事者におもねるだけの理論にならないことです。ただ聞こえが良いだけの理論もあるので、そこにも注意しなければいけません。

〝節度ある押しつけがましさ〟

相談意欲のない人を相手に相談に乗っていると、教科書に載っているカウンセリングの理論だけでは通用しないことが出てきます。クライアント中心、非指示、受容と共感などとよく言われますが、これだけではなかなかうまく通用しないことが多いのが現実です。不登校や引きこもりの子どもに対しては、クライアント中心では通用しないことが多いのです。ですから相談意欲のない人には、これは私の造語ですが〝節度ある押しつけがましさ〟が大事です。

たとえば担任の先生に、不登校の子の家へ家庭訪問をしていただきます。カウンセリングの本には「家庭訪問をするときには、生徒の許可をとってから出掛けましょう」と書いてあったりしますが、『行っていい?』と聞けば、たいてい『ダメ』と言われるに決まっています。私の場合、先生に『明日行きます』と宣言してもらいます。これは押しつけがましさです。ただし同時に『もし会いたくないなら、自分の部屋に籠もっていていいよ』とも伝えておいてもらいます。これが節度です。

これは言葉を換えれば、「逃げ場を作りつつ、関わり続ける」ということです。これが節度ある押しつけがましさです。そうしなければ、相談意欲のない人の場合、関係が持てなくなってしまいます。

〝健全なあきらめ〟が必要

もうひとつ大切なのは〝健全なあきらめ〟です。

カウンセリングの理論には外国から輸入されたものが多く、また、「自己受容」とか、森田療法における「あるがまま」とか、立派で美しいものが多いです。自己受容と聞くと、たしかに美しい言葉なのですが、しかし、その人の実感や実態に即していないのではないかと思います。受容というと美しいのですが、自分を受け入れる、あるいは我が子の問題や障害、厳しい現実などを受け入れるときには、そこに、ある種の悲しみや切なさがあり、受容という言葉では、そういうものが汲み取られないような感じがするのです。そこで私がそれに代わって考えたのは「健全なあきらめ」という言葉です。

「あきらめ」という語は否定的に捉えられがちですが、その一方で実は、「明らかに究める」というのが語源であるという説があります。カウンセリングに関していうと、自分のこころのありよう、現実を充分に見つめて、しっかりと吟味して、そのうえである種の「健全なあきらめ」に達することで、ひとつの現実的な希望が出てくるのであろう、と私は考えています。

私が好きな言葉に、「変わるものを変えようとする勇気、変わらないものを受け入れる寛容さ、このふたつを取り違えない叡智」というのがあります。カウンセリングに来られる方はしばしば、自分には変えようもない過酷な現実に苦しみ、変えるのが困難な自分の資質や性分に苦しみ、あるいは現実や自分に対して高い要求水準を持っていて、そのことで苦しんでおられます。そのようなときには、受容というよりも、自分の周りや性分はどこまで変わりようがあり、どこから先は難しいのか、とあきらめていくプロセスが大事であり、しかも絶望に陥らないであきらめていくことが重要でしょう。

〝現実に介入しつつ、こころに関わる〟

それから〝現実に介入しつつ、こころに関わる〟ことです。最近の心理臨床は、社会的に注目を浴びる問題に関わることが多くなりました。たとえば児童虐待、犯罪被害、いじめなど。

そうした問題にあたって、これまでは「変わるべきは個人だ」と考えすぎてきたのではないでしょうか。もちろん、個人の内面のみを扱うだけで済むならばそれでよいのですが、虐待の場合、虐待されている子どものこころの内面をどうのこうのというだけでは済みません。とにかく、虐待を止めなければいけません。深刻ないじめもそうです。一方でいじめや虐待をなくすよう現実に介入したうえで、こころの内面に関わることが大事です。

あるご夫婦が相談に来られました。『うちの子が最近おかしい。チックが出てきた。学校へ行くのを渋るようになってきた』と。親御さんの感じでは「どうもいじめられているのではないか」と。こういうとき私はどうするかというと、いじめられているかどうかわからないので、まずはよく観察していただく。集団登校で送り出したあと、先回りをして待っていてもらう。それを三日ばかりやったところ、すぐにわかりました。七、八人で集団登校しているのですが、その子ひとりだけ遅れて歩いていたそうです。これはどうも仲間はずれにされている。どうしたらいいのか、ということでいろいろと模索しました。

登校時にお父さんが学校の近くまで一緒に行って、グループに入れるなども試みたのですが、うまくいきませんでした。それで結局どうしたかというと、本人との話し合いのうえ、お父さんに、他の子を怒ってもらいました。これがかなり効果があり、仲間はずれはぱたりとなくなりました。ただしこれは、かなり慎重に協議したうえでしたことであり、安易にこれを真似ないで頂きたいと思います。

ところが、そうして登校渋りはなくなったものの、チックはなくなりませんでした。そうなってくると現実が変わっただけではどうにもならないので、こころを扱わなければいけません。その子のチックを治すために、私と面接をしました。このように現実への対応と、こころの内面への対応の両方が必要な場合があるのです。

もうすこし穏やかな例も挙げておきましょう。お父さんがいつもお子さんを幼稚園に連れて行っているのですが、その子だけを、年上のある女の子がいじめるそうです。「もしかすると、お父さんに送ってもらっているのが羨ましがられているのではないか」と考えて、お父さんからその子に『この子をよろしくね』と優しい言葉をかけてもらいました。それを一週間続けたところ、いじめはパタリと止まりました。

このように、いじめの場合、現実的に何かをしなければいけないことがままあるわけです。

もちろん、いつも現実への対応をしなければならないわけではありません。私が関わったケースでは、部活でいじめられている中学生の女の子が『親にも担任にも言わないでほしい。自分は我慢できる。でも一人で我慢するのはつらいから、ときどき先生に話を聞いてほしい』と、涙をぽろぽろ流して話しました。その子は、そのようなことが出来そうな子だったので、何度も面接に通って来て、そのたびに泣いて、つらい思いを話して帰りました。そしてその子は卒業していきました。あるとき、地下鉄でその子と偶然に出会い、『話を聞いてもらえるだけで、自分がすごく支えられた』と感謝されました。

このように、いつも現実に介入しなければいけないということではないのですが、そのあたりの両方の兼ね合いが必要だということは、いつも念頭に置いておくべきでしょう。

子どもどうしの相互作用

カウンセラーに出来るのは、ほんの一部だけです。むしろ、それは中継ぎなのではないでしょうか。子どもたちの成長の基盤は、まず家庭ですが、次いで大事なのは、仲間集団です。子どもは、子どもどうしの相互作用や経験を通じて成長していきます。それはカウンセラーとの関係では代用がきかない性質のものです。子どもたちの成長にとって大事なのは、家庭以外の居場所ができること、家庭以外の仲間集団と接することです。

不登校の子で大事なのは、希望を引き出すことです。ある調査研究によると、不登校の子たちのその後は何とかなっていることが多いのです。七、八割は仕事に就いたり学校に行ったり、それなりに元気にやっています。つまり、経過は案外良いのです。その一方、その後何年も引きこもっているケースもあります。たとえば十五年引きこもっている人の場合。その方はお母さんと二人暮らしなのですが、最後に見たのは、五年前にお母さんが廊下でちらりと見ただけだそうです。これも始まりは不登校でした。

注意しなければいけないことは、不登校の子の経過は割合良いのですが、それは放っておいてそうなったのではなく、周りが手を尽くした結果だということです。それを知っておく必要があるし、それでも何割かは難しくなっている。そのときには援助がいるのです。もちろん『相談に来なさい』と行っても来ない子がいるので、ネットワークを活用する必要があります。ずっと引きこもっていると、何が問題かというと、社会参加ができないことはもちろん、「経験を通じて成長する」という子どもどうしの相互作用が欠如するということです。

遊べることの大切さ

そこで私が重要だと考えているのは、「遊べるようになる」ことです。遊びは二つの意味で大切です。ひとつは、それを通して成長するということ。もうひとつは、そこで息抜きができるということです。私たち大人でも、仕事が楽しくて仕方ないなどということは普通ありません。なぜそれでも続けられるかというと、ときどき息抜きができているからでしょう。同様に、不登校やひきこもりで苦しんでいる子に、やれ学校へ行け、やれ働けと言っても無理があります。むしろそのまえに、よく遊べるようになる必要があります。充分に息抜きができるようになり、暇つぶしができるようになることが大事です。

ちなみにそのタイミングですが、本人が退屈してくるとエネルギーが溜まってきたサインです。逆にいうと、本当につらいときは、何もしていなくても退屈はしません。それどころではなく、何もしなくても苦しんでいます。その意味では、遊べるようになったらあとは何とかなる、ということでもあります。ここでいう「遊び」とは、息抜き・娯楽・暇つぶしなどを含めてのことです。次に、その段階を詳しく見ておきましょう。

どのように遊べるか

第一に遊べない段階。人は本当に苦しいとき、いわば布団をかぶってじっとしておくしかないような状態になります。このようなときはもうただ耐えるしかありません。ただし、普通こういう状態は長く続くものではありません。人間というものは、布団をかぶってじっとしていれば、少し回復してきます。第二に、室内で一人だと遊べるようになる。夜中に起きてテレビゲームで遊んでいるのは、少し元気になってきた証拠です。第三に、室内で誰かと遊べる。たとえば不登校の子の家に友だちが遊びに来て一緒に遊べるようになったら、この段階です。第四に、屋外で誰かと一緒に遊べるようになる。第五に、屋外で一人で遊ぶ。不登校の子は、誰かと一緒ならば外出できるけれども、一人では行けないという子が結構いるのです。近所に買い物に行けたり、ブラブラできるようになればだいぶ良いです。第六に、屋外で誰かと一緒に身体を使って遊ぶ。一緒にサッカーするとか、キャッチボールをするとか。第七に、一人でも遊べる。誰かが来たら家の中でも外でも一緒に遊べるし、そうでなかったら一人でも遊べる。

概してこういう経過をたどります。このような段階をなぜ想定するかというと、現在どの段階にあるかをチェックすれば、次の課題が自動的にわかるからです。「室内で誰かと遊べるようになったら、次の目標は、屋外で誰かと遊べるようになることだ」というように、次の課題は何で、周りは何をすればいいのかをつかむことができるのが、優れたアセスメントなのだと思います。また、第一段階や第二段階の子どもをいきなり学校に来させようとしても無理なのです。

遊びのなかでの気分

どのような心地で遊べるかも、つかんでおきたいものです。

第一に、遊べない段階。第二に、遊べるけれども楽しめない段階。不登校のあるタイプの子は、遊んでいるけれども、すごく疲れるのです。というのは、ものすごく気を遣いながら遊んでいるからです。第三に、遊びながら楽しめる段階。第四に、気が抜けている段階。第五段階として、一緒に遊びながら軽口をたたけるようになると、非常にいい。こうなると、学校へ行こうが、どこへ行こうが、大丈夫になります。

子どもを見守る眼差し

私たちが子どもたちを見守るとき、何を考えればよいのでしょうか。

遊べるようになったら、次には、協同で達成活動ができることが課題になります。難しいことでなくてもいいのです。たとえばキャンプへ行って、一緒にテントを立てるとか、一緒に料理をするとか。理科の実験のレポートを一緒に書くとか、班の旗を一緒に作るとか。卒業制作をするとか、文化祭の看板を作るとか。このように、誰かと一緒に何かを達成する作業ができるようになると、もう大丈夫です。そうすると、将来の目標や進路の目標をもつところにまでつながると考えられます。

子ども自身の力を信じる

成長途中の子どもは、一時的な手助けがあれば、あとは自分で成長していくことが非常に多いのです。

私たちもそうでした。子どもの頃、いろいろなことで悩んだり、つまずいたりしたとき、自分の内面を深く探求したかというと、普通はそれは少ない。むしろ、運良く誰かが助けてくれたり、良いお友だちが助けてくれたり、それで乗り切ったことが非常に多いのではないでしょうか。しかし肝心なところは自分でやり抜くしかありません。いくら周りで支えても、ネットワークを活用しても、肝心なところは結局、本人がやり抜かないといけないのです。これを忘れてはいけません。

見守る側の連携

私たちカウンセラーは、一人で抱え込んではいけません。難しい場合は一人で抱え込まないことが重要です。いろいろな人の力を借りましょう。ただし、その際に注意しなければいけないのは、たとえば不登校の場合なら、学校の先生と心理カウンセラーと精神科医・診療内科医のあいだで相互不信の関係にならないようにすることです。

学校の先生がいろいろと手を尽くし、どうにもならないと心理療法のカウンセラーのところへ行きます。つまり、先生が手を尽くして何とかなったときには来ない。学校の先生が手を尽くしてダメだった子だけが来るのです。そこでカウンセラーは「学校の先生は、ろくなことをしていない」と思いがちになります。あるいは、心理療法のカウンセラーが面接して「これは医療の助けが必要だ」となると医療に行くわけですから、お医者さんは、カウンセラーが箱庭療法やイメージ療法で何とかなった子をほとんど診ていません。たいてい診るのは、そうしたことを試みてもうまくいかなかった子です。そうするとお医者さんは「カウンセラーは、ろくなことをしていない」と思いがちになるということがあるのではないでしょうか。

そういうことがありうると考えておかなければ、お互いの連携が非常に難しくなりますので、そこに気をつけていただきたいと思います。

つまずきからの成長

舞台演出家の宮本亜門さんは、実は引きこもった経験があるそうです。インタビュアーが『不登校になられた話を是非とも聞かせてください』と言うと、『一言でいうと人間不信に陥って、自分の部屋から出られなくなってしまったんです。一年ちょっと。自分の部屋の明かりを消した暗闇のなかで、自分は一体何者だろう。人間って何だろうと考えて、食事はドアから入れてもらい、部屋の外へ出るのはトイレのときだけ。ずっと籠もっていました』。インタビュアーが『ご両親は心配されたでしょう』と聞くと、『父は酒浸り。母は泣き続け。挙げ句に入院させられました。父は私を慶應義塾大学に進ませようと考えていましたが、私が入ったのは付属病院のほうでした』と語っておられます。

ここで注意していただきたいのは、不登校は入院させたほうがよい、ということではないということです。ただ、宮本亜門さんの場合はよかったそうで、入院したところ、話をじっくり聞いてもらえたそうです。『それがとても良かった。その経験がいますごく貴重な財産になっている。自分にとって宝物のような体験であるし、得難い体験で、素晴らしい経験のひとつだ』と語っておられます。

これはものすごく才能に恵まれた人の話ではないか、と言われるかもしれません。そこでもうひとつ例を挙げておきたいと思います。

ある通信制高校の卒業式に来賓で呼ばれて行ったところ、普通の高校の卒業式とはまったく違っていました。まず「情熱大陸」のテーマ曲が流れて行進して入ってくるのですが、その格好がすごい。いまから飲み屋街に働きに行くのかと思うような服装の女子生徒もいれば、ヤクザの事務所に面接に行くのかという男子生徒もいたり、もちろん、普通の格好の人もいました。保護者も大勢来ていました。途中で花火があげられたり。

通信制の高校はほとんどの生徒が他の学校を辞めてきた子ばかりです。要するに一度つまずいているのです。不登校もいるし、中退もいる。その子たちが卒業証書を受け取ると、一言だけ叫んで壇から降りていきます。その一言に私はたいへん感激したのですが、『ありがとう‼』というのがとても多かったのです。聞いているほうには、通り一遍の「ありがとう」と、こころがこもった「ありがとう」の違いはわかります。――『おかあさんありがとう‼』『苦しいときに支えてくれてありがとう‼』『○○ちゃん、お友だちになってくれてありがとう‼』。

おそらくこの子たちの多くが、こころから人に感謝する経験を持ったのでしょう。もちろん、普通の高校へ行って、普通のコースを歩んでも、得難い経験をそれなりに持つと思います。しかし、このようにつまずいて普通ではないコースを歩んだとき、普通ではない先生に出会って、普通のコースから外れた同じような仲間と出会って、お互いに支えたり、周りの人たちが支えてくれるなかで、本人も苦労したけれども、支えてくれたことに対して非常に深い感謝をしているのです。このような体験は、いまの子どもたちには、普通にはなかなか得難いことだろうと思いました。

「何かでつまずくことは、何かを得ることである」――これは特別な才能に恵まれた人だけの話ではなく、ごく一般にそういうことがあるのだ、と改めて思った次第です。

質疑応答

質問者　「学校では不登校への初期対応は一週間が勝負」とのことですが、具体的にはどのような取り組みをしたら良いのでしょうか。

田　嶌　私の説明が少し足りなかったところを質問していただき、ありがとうございます。

不登校の場合、初期対応と長期化したときの対応には違いがある、ということを言いたかったのです。しばしばあるのは、『これは不登校ですから、そっとしておきましょう』といって、長期化してしまうことです。もう少し早い時期に、学校に行かないことにこころと身体が慣れてしまうまえに、学校との関係を切らない活動が必要です。

具体的には、三日来なければ家庭訪問することを担任の先生にお勧めしています。担任の先生が時に強引に家庭訪問してしまう場合もあるので、そのやり方は少し注意しておく必要がありますが、生徒が三日、学校に来ないので、担任が家庭訪問をして『どうだ、元気にしているか』と言うのは、ごく自然なことであり、それをいけないという根拠は何もないし、それが結構な効果をあげることを申し上げたかったのです。

本当につらいとき、たとえば布団をかぶって寝ているようなときには、強引な訪問をしてはいけない場合もありますが、〝節度ある押しつけがましさ〟でやってもらえれば、本人は「放ったらかしにされてない」という気になります。なかには「自分が休んでいると先生が家に来て嫌だから、学校へ行こう」と思う子もいますが、やはり、人に心配されているということは、その子にとって悪い経験ではありません。

最初の一、二週間つまり初期のうちは、学校に来なかったら、放課後に家庭訪問をする。あるいは同級生に様子を見に行ってもらう。そういうことをお勧めしているのですが、それで結構、来るようになります。もちろん、それでも来なくなることはあります。その場合は長期的な展望のもとに、先ほどの「遊べるようにしていく」といった配慮が必要になってきます。

******　　******　　******

質問者　子どもが葛藤を抱えにくくなっているというお話でしたが、その親の世代も、葛藤を抱えない人が増えているのではないかと思います。その場合、どうしたらいいのでしょうか。

田　嶌　以前だと、子どもが学校に行かないとなると、親御さんが狼狽していました。「この子の人生はどうなるのだろうか」と。しかし、これだけ不登校の子が増えてきて、社会的な受け皿のほうも、大検予備校、通信制、サポート校、不登校を受け入れる学校などと、いろいろ増えてきました。不登校に対する一般の理解も、好意的に変わってきました。おそらくそういうことも関係しているのでしょうが、親御さんもそれほど慌てなくなりました。

一般的に、悩まない親についてですが、スクールカウンセラーとして学校に入ると、そういう人たちのなかには、いろいろな問題を抱えている方もおられます。そういうとき、「なんとかすぐにカウンセリングしよう」と入っていくと、嫌がられます。親御さんもある種、幸せではない状態にあるわけです。「この人は自分のために良いことをしてくれる人だ」と思ってもらえる関わりをして、そこでささやかながらパイプをつくっていくことが大事だと思います。

悩まないといっても、本当に全く悩んでいないわけではありません。悩まないというのは、ふたつ可能性があります。ひとつは、奥底では悩んでいる場合。もうひとつは、どうしても自分が悩まなければいけないところまで来ていない場合。

たとえば不登校の本人でいえば、中学三年になってすぐというのはチャンスです。中学一年や二年のときはまだ先があると思ってさして悩まないのですが、三年になるとさすがに悩みはじめます。「いったい自分はどうなるのか」と思うようになります。そのときがチャンスなのです。本人に悩まなければいけない状況が突きつけられる。あるいはそういう予感が出る。そういう時期に関わりをもっていくことが、ポイントだと思います。

悩みというのは、誰にでも相談できるものではありません。本当は悩んでいるけれども、すぐ近くの人には相談できない。そういう意味で深く悩んでいないと思われる人もいます。そうした人の場合にも、「この人ならば自分の悩みをきちんとわかってくれるかもしれない」と思ってもらうことが大事でしょう。

＊＊＊＊＊＊　　＊＊＊＊＊＊　　＊＊＊＊＊＊

質問者　私の友人の子どもが不登校で、いま悩まれています。三人きょうだいの一番上の子が不登校になり、フリースクールから通信制の高校へ進んでいます。アルバイトもできるようになり、良い感じになっているのですが、そうしたら今度は、中学生の三番目の子が不登校になってしまいました。

私の友人は一番目の子のときに苦しんで、フリースクールの先生のところに何度も足を運んだり、通信制の学校に進むまで、それこそいろいろな苦労がありました。三番目のお子さんが不登校になってしまったいま、これまでの経験から慣れているし、受け入れやすいけれども、「一番上の子のときの家族の苦労を知っているのに、なぜ」と、慣れているから苦労が半分になるのではなく、倍になっており、私も声をどう掛けていいのかわかりません。助言していただけることがあればお聞きしたいのですが。

田　嶌　まず、あなたのようなお友だちがいることが、その人をすごく支えると思います。これはとても貴重なことだと思います。周りで暖かく見てくれている人がいることが大事です。こういうとき、「母親の育て方があぁだから、こうなったのでは」と言う人が結構いるんですよ。そういう単純な問題ではないのです。そこのところを、そうではない目で見てあげて、暖かく接する人がいることが大事。これがひとつです。

次に、いま、兄弟で不登校になるというのが大変多いんです。以前は弟が「お兄ちゃんはいいな。学校に行かなくてもいいから」、するとお兄ちゃんの方は「オレの苦しみがオマエにわかってたまるか」という感じだったのですが、いまは「オマエも行かなければいいじゃないか」という感じで、一緒に行かなくなってしまいます。

お話では、年齢も近いようですから似てくる面もあるのでしょうが、やはり学校の対応が重要だと思います。担任の先生が家庭訪問をするとか。もし担任が家庭訪問をしていないとしたら、保護者が学校との付き合い方を考え直したほうがよいと思います。何も言わなくても学校側が不登校に対して適切な対応をしてくれればいいのですが、現実はそうではありません。本来は親御さんがすべきことだとは思いませんが、でも親が力をつける必要があるので、私がお勧めしているのは、親御さんが学校にきちんとお願いすることです。「学校との関係を切らないようにしてください」と。節度ある押しつけがましさで、たとえば家庭訪問をしてもらう、ときどき友だちにプリントを持っていってもらう、というように。

それから、学校の先生もどうしたらいいのかわからなくて何もしていない、というケースも結構あります。だから、「こういうことをすると良いらしいので、よろしくお願いします」とお願いするとやってくれる先生も結構います。また、兄弟で不登校ならば、兄弟どちらの先生にもそれをしてもらうことが必要です。

元気になるための関わりを考えると、外とのパイプを切らないことがひとつ。そのパイプが学校の先生であり、同級生の子どもたちです。担任の先生とものすごくこじれているという場合にはその限りではありませんが、そういうことをお願いするのが基本だと思います。

学校に行くきっかけとして多いのは、普通ではないスケジュールのときです。いつもの授業と違って、博物館の見学とか、始業式や終業式など、いつもと違うプログラムのときです。だから、学校の行事予定を届けてもらうことが大事です。あとは、どれくらい遊べているのかを考えて、そのために周りが何ができるのかを考えていただくことでしょう。

質問者　いま、子どもの数が減っています。だからこそ、「少年犯罪や不登校が減った」という統計資料の扱い方について疑問を持っています。もうひとつ、ドラッグが広まっています。ドラッグに手を出している子は、昔シンナーに手を出していた子と同じような傾向があるのかどうかとか、そのあたりをもしお知りならば教えてください。また、ドラックに手を染めた子には、どのような関わりをしていけばよいのでしょうか。

田　嶌　統計資料は、件数だけではなく人口比で見ます。その時点の少年人口に対してどれだけ起きているのかという人口比で見ても、そういう傾向があります。厳密にいえば、同じ子が何度もやることもありえますし、集団でやったときにどうなるのかといった厳密な吟味が必要ないわけではありませんが、大まかにいえば、先に申し上げたような感じです。

ドラックについてですが、実は以前もありました。たとえば覚醒剤も、親から子にとか、親子三代で覚醒剤をやっているケースもありました。シンナーが一番多かったです。ただ、これについては非常に難しい。一般にどういうかたちで何とかなっていくかというと、一番強力なのは、セルフヘルプ・グループです。アルコール依存症もそうです。アルコール依存には自助グループがありますし、薬物依存にも自助グループがあります。自助グループと、それに加えて必要に応じて専門家と連携することが一番有効だと思います。これはやはり簡単なことではありません。

難しい問題の場合は、社会的には、専門家が頑張ってどうかなった、ということは少ない。むしろ、当事者たちが一生懸命に頑張って助け合って、それを専門家が支援するというかたちで何とかなることが多い。専門家が役に立たないという意味ではなく、そういうかたちがやはり多いのです。ドラッグの問題もそういうことだと私は考えています。

＊＊＊＊＊＊　　＊＊＊＊＊＊　　＊＊＊＊＊＊

質問者　不登校の子を私も見ていたのですが、学校と関わらなくなる年代になってから引きこもることも多く、こういうことへの対処はどうしたらいいのでしょうか。

田　嶌　これも、自助グループがよろしいのではないでしょうか。本人の自助グループも必要ですが、保護者の自助グループがあります。全国組織で「楠の会」というものがあります。学校と関わりを持てなくなってから引きこもってしまったというときには、ひとつには、精神保健福祉センターに相談に行かれて、自助グループを探すことが一番です。地方によって事情は違いますが、メンタルフレンドがあったり、保健師さんが訪問してくれるとか、制度を使えるネットワークが各地にあります。それをお調べになってみたらどうでしょうか。少し離れた自助グループでも、連絡をとると思わぬ情報を教えてくれたりしますので、そういうことで対応されるのがよいと思います。

＊＊＊＊＊＊　　＊＊＊＊＊＊　　＊＊＊＊＊＊

こころの裏と表

Ⅲ

氏原 寛

「こころの裏と表」という題でお話しするのも、これで三回目となります。今回は「自立と依存」というテーマから入り、それを「現代若者論」へとつなげていきたいと思います。

自立と依存

〝二人いるから一人になれる〟

ウィニコットの言葉で、私が大変好きなものがあります。それは〝二人いるから一人になれる〟というものです。この「二人」とは、小さい子どもと母親のことを言っています。子どもは母親と一緒にいてはじめて、自分自身になれるのです。お母さんがいるとわかっているときのみ、子どもはお母さんのことを忘れて、積み木遊びや絵本に夢中になれる。もし、お母さんがいないと不安になり、とても遊ぶ気持にはなれない。これは実際のお母さんではなく、お母さんにあたる人でもよいのです。父親がその意味での母親役をやってもよいので、そこは誤解のないように御理解ください。

お母さんは必要である。しかし、それは忘れられるために必要なのである。お母さんがいると安心して自分のしたいことができる。いないと不安で自分のしたいことなどとてもできない。お母さん探しで精一杯になるからです。

ウィニコットはイギリスの精神分析家ですが、もともとは小児科医であり、亡くなるまで小児科医として診療をしていたそうです。たくさんのお母さんと子どものユニットを見てきました。なぜイギリス人であるウィニコットがこのようなことを言っているのでしょうか。イギリスでも、子どもが絵本を読んだり、積み木遊びをしていると、お母さんが一緒にしようとする。これは一見、子どもと一緒に遊んでいるようであり、良いお母さんに見えるのですが、じつはそれで子どもは自分自身になる空間を失って息がつまっているのです。だからこそ、二人いるから一人になれる。一種の逆説ですが、そうしたことを考えなければいけないとウィニコットは言っています。

自立――〝二人いて一人になれること〟

次の言葉は、〝自立とは、二人いて一人になれること〟です。これは先ほどの言葉の裏返しです。子どもとお母さんがいるけれども、お母さんのいるのを忘れてこそ、自分のことに夢中になれる。お母さんも台所仕事をしていて、子どものことを一見忘れているようだけれども、どこかで子どもがいることを感じています。しかし、自分のすることは自分できちんとする。

ウィニコットの一番最後の症例が死後出版されました。『症例ピグル』として翻訳もされていますが、これを読むとセラピー場面で、五歳くらいの女の子であるピグルは床に座って遊んでいる。ウィニコットは机に向かって書き物をしている。そういう状況を書いていています。二人いて、お互いに気持はつながっているけれども、お互いの存在を忘れて自分自身になる。〝二人いて一人になれる〟こと、それが自立です。「自立」とは、依存を切り捨てて一人になることではありません。マーラーというアメリカの心理学者がいます。この人は母親と子どもをセットにして、何年も観察して、有名な分離個体化説を提唱しましたが、彼もウィニコットと同じことを言っています。

子どもはある時期がくると、お母さんと離れたくなります。これは自立志向といってよいでしょう。しかし、完全に離れることはできません。仮にお母さんと離れて、なにか怖いものにぶつかったとき、慌てふためいてお母さんのところへ帰る。そうすると受け止めてもらえる。「逃げ帰れば、いつでもお母さんに受け止めてもらえる」という気持がある子どもだけが、お母さんから離れて、たとえば近所の探検に出掛けることができるのです。帰ったときに受け止めてくれるお母さんがいないと、探検など危なくて出来ません。

マーラーによれば、このようなかたちで子どもがだんだんとお母さんから離れていくことは、寂しい。だけれども、これが子どもの成長の印であると認めることが大事である。そうでないと、お母さんが子離れできない。何でも二人でやろうと思いこんでしまう場合、子どもが離れていこうとすると「そんな子どもはもう可愛がってあげません」ということになります。そうすると、子どもは見捨てられます。二人いなければ一人になれないからです。お母さんに「私から離れていくんだったら見捨てる」と言われると、離れられません。そうかといって近づけば、一人でいる空間がなくなります。お母さんにいわば飲み込まれてしまうわけですから、近づくわけにもいきません。

離れると見捨てられ不安、近づくと飲み込まれ不安ということになり、進退きわまって、いつまで経っても自立できない。ウィニコットがいうには、たいていのお母さんはここのところをうまくやるそうです。子どもは自分とつながっているけれども離れてもいる、という微妙な発達段階をうまく切り抜ける。だから、理想的な立派なお母さんでなくても、たいていのお母さんはそこを何とかやり遂げているとのことです。

〝依存のない自立は孤立にすぎない〟

三番目の言葉は〝依存のない自立は孤立にすぎない〟です。私たちはつい、「依存」と「自立」は逆の概念だと思ってしまいます。自立することはできるだけ依存を切り捨てること。それが自立である、と思いがちなのですが、じつはそうではなく、依存のない自立は孤立にすぎません。先ほど、「二人いるから一人になれる」という言葉をいいましたが、このうちの一人はお母さんです。このお母さんはやがて、家族・地域・国・世界・人類・神様などとなっていきます。要するにわれわれは、自分より大きなものと自分がつながっていると感じられるとき、自立できるのです。そういうものとのつながりがまったくない自立は、じつは孤立にすぎません。

現代の日本の若者は、自立をめざして依存を切り捨てる面が強いため、じつはとても寂しいのです。寂しいから群れる。しかしつながりがないので、いくら群れても寂しさは癒されません。そういうところがあるのではないでしょうか。

自立志向と家出願望

子どもはある時期が来ると「自立したい」という気持が出てきます。ただし完全な自立はなかなか出来ません。家出をしたいと一度も思ったことがない人は少ないのではないでしょうか。人見知りのない子はおかしいとか、第一反抗期がない子はおかしいなどとよくいわれますが、それと同じようなものです。
ある時期が来れば「親から離れて自分でやりたい」と思うのは当然です。ただし、そう思ったからといっていっぺんに飛び出す人は、未熟です。なぜかというと、大部分の子どもは、自立したいけれども自分にはまだそれだけの力がない。その力が身につくまでは、家出願望はあるけれどももう少し親に依存して力を蓄える。その力が身についたと本人も周りも思っている、あるいは力がなくても受け入れるほうの用意が整っている、そういうときは、家出ではなく「門出」といいます。門出の準備がほとんどないのに家出願望が兆して、後先のことをほとんど考えずに飛び出した家出は、ほとんどうまくいきません。

仲間意識について

前回の講座でも述べましたが、ローレンツという動物学者がいます。この人が「群れをつくる動物には、群れに対する一体感・忠誠心のようなものがある」と言っています。人間も群れをつくる動物です。だから、人間には「仲間」に対する一体感・忠誠心があります。

仲間があるから個人がある

アフリカに行った日本人が、ピグミーの象狩りについて述べていますが、本筋は生かしたままで、説明のために多少脚色をしてご紹介したいと思います。

ピグミーは大人になっても身長が一五〇センチぐらいです。いまでは多少変わったでしょうが、何十年前までは狩猟採集生活をしていました。これは、食べられる植物を集めたり動物を捕まえて食べたりするもので、生産をしないものです。最も素朴な生き方をしている人たちです。

彼らは象狩りをします。象狩りの名人がいるそうです。象の腹の下にうまく潜り込んで、ヤリを刺します。そのヤリには仕掛けがしてあり、刺さると中で傘のように開くそうです。象は痛がって暴れますから、その名人はすぐに逃げます。そのヤリには紐がついていて、暴れるほどその紐が周りの灌木にひっかかり、腹を割いていくので、象はやがて倒れます。

しかし、象の下に入るというのは大変なことです。象は群れをなしていますから、そのなかから一頭をおびき出さないといけません。腹の下に飛び込むときも、象の注意をそらさないといけません。そういう役目の人がいたうえで、名人は象の腹の下に飛び込めるのです。

象狩りが成功することはあまりないそうですが、成功したとき名人は、象を群からおびき出した人とか、注意をうまくそらした人の功績を讃えるそうです。そして私が感心したのは、象を分けるとき、各家に平等に分けるそうです。名人だから分け前を半分よこせなどということは一切ありません。皆で協力して捕れたのだから皆のものだと、平等に分けます。名人の特権は、各家分に平等な大きさに分けたあと、どの部分を選ぶかの優先権があることだけだそうです。

おそらくマンモスがいた時代、人間一人では狩れず、皆で狩りをしていたはずです。村中で一番有能な人でも、一人では捕れないのです。一人では生きていけません。皆が協力してはじめて獲物が捕れます。群れ全体がそれによって生き延びていくことができます。一人では、たとえ最強の者でも生きていくことはできません。村のなかで一番能力の低い者の能力もあてにしなければ捕れません。皆が仲間なのです。お互いがお互いを必要な存在と認めあっています。

皆が協力しないと捕れないし、そうなると皆が死ぬ。そういう場合、何から何まで「群れ」が優先です。「個人」というものはほとんど問題になりません。蜂や蟻の社会もそうです。女王バチがロイヤルゼリーを舐めている一方、働きバチは一生懸命に蜜を採っています。ミツバチの巣をスズメバチが襲うところをテレビで見たことがあるのですが、働きバチがスズメバチに対抗します。ミツバチは一度刺すと死ぬのですが、多くの働きハチが犠牲になって、スズメバチを撃退します。その最中、女王バチは奥の方でロイヤルゼリーを舐めています。このように、ある者はのんびりし、ある者は必死になることで群は維持されて、子孫が生き残ります。

「そして若者たちは席を譲らなくなった」

セラノという南米の外交官は、ユングやヘルマン・ヘッセと仲が良かった人です。外交官でありながら、カウンセリングや心理治療にも興味があったようです。この人がインドのある村にいたのですが、村から出稼ぎに行く若者がかなりいるのです。出稼ぎに行った人がすべて成功するわけではありません。失敗して、力を落として帰ってくる人もいます。帰ってきても、村の集会所や彼の家には、いつでも彼の居場所が用意されているそうです。出稼ぎに行くくらいですからもともと貧しいのですが、貧しいものを分けあって、仲間として受け入れてくれるのです。

セラノがその地域にいた頃、精神病患者はゼロ。ノイローゼ的な人も一人もいなかったそうです。日本の昔の農村を考えればよいかもしれませんが、「いつでも居場所がある」「仲間がいる」と思えると、精神的に不安定に陥って病気になったりノイローゼになったりすることが少ないらしい。

阪神淡路大震災でたくさんの方が被災して、避難所ができました。アナウンサーが被災者に「いま何が一番欲しいか」と聞いていました。食糧か水、あるいは毛布だろうかと私は思っていたのですが、そうではなく、「余震が収まってほしい」という答えが半分以上でした。大きな余震が来ると皆が死んでしまいます。年寄りも若者も、金持ちも貧乏人も関係なく、「この屋根が落ちればみんな死ぬ」という運命共同体です。そしてお互いの連帯感が非常に高まったのです。新聞記事で、あの震災でひとつだけ良いことがあったとある人が言っておられました。お互いがお互いを思いやる気持、助けあい、励ましあう気持を日本人がまだ持っていたのがわかった。それがあの震災で唯一、良い収穫であった、と。

そこにたくさんの若者がボランティアに行ったのは皆さんもご存じでしょう。そして避難所の人たちが助け合っているのを見て影響を受け、往復の電車の中で、それも震災でズタズタになっており、神戸まで辿り着くのが大変だったのですが、女性や子どもたちに席を譲るようになったのです。ところが自衛隊が風呂を作って、「これで生き返った」と被災者がニコニコした映像がテレビで放映された頃から、そういった一体感が薄れていきました。つまり、余震で皆がやられるという心配がなくなって、金持ちは避難所を脱出し始めました。そうすると、他人のことは構っていられません。それまでは「今日一日生き延びられるかどうか」というところで、金持ちも何も関係なく、皆で助けあっていました。それが余震がなくなり始めると、皆が明日のことを考え始めるようになりました。明日のことを考え出すと他人のことは考えてられません。そうすると、いわゆる水臭くなってきました。現実に戻ったといえるかもしれません。そして若者たちは席を譲らなくなったのです。

ピグミーやマンモス時代には、皆は仲間意識で常に一体感を保っていたのですが、明日のこと、自分のことが問題になると、ものすごく水臭くなります。一体感がある時は、「一人はみんなのために、みんなは一人のために」となりますが、現代は世知辛いのでなかなかそうはいきません。「オマエの得はオレの損、オレの得はオマエの損」という状況がたくさんあるからです。

老いについて

次にお話しする「棄老」については、前回の講座で紹介した例です。本にまとめられているので、詳細はそちらをご覧いただくとして、ここではほんの少し触れておきます。ブッシュマンは、一緒に移動できなくなった老人を捨てるのです。つい最近まで行われていたそうですが、これはブッシュマンに限らず、昔からたくさんある、いわゆる姥捨ての話です。今日は、いわばその現代版についてお話しします。

ボーヴォワールが『老い』という本のなかで、一九六〇年頃のフランスの状況について書いていますが、オスピスという貧しい老人が収容される病院なのですが、入所して一週間で八%が亡くなるそうです。これはまるでブッシュマンの「棄老」、日本の「姥棄て」と同じです。アメリカのナーシングホームについても書いていますが、オスピスとほとんど変わらず、アメリカの老人にとって、ここに入ることは恐怖の的であり、設備も劣悪、待遇もひどく、シャワーも一週間に一度あるかどうかというのです。

日本でも、老人施設関係の人たちの座談会が時に雑誌などに載りますが、「わたしが年をとったら、ここだけには入りたくない」という発言をされる人が多いですね。これらの発言から、老人施設で働いている方が、老人たちがいかにひどい待遇を受けているのかをご存じなことがわかります。そもそも、老人対策が慈善事業のような印象で受け止められてはいないでしょうか。老人病棟でも、家族がほとんど訪ねて来ない、まさに「棄老」された老人がたくさんおられます。病院のほうでも、長いあいだ置いていてもお金が取れないということで病院をたらい回しにします。要するに厄介者なのです。

ローレンツという生態学者もそういうことについて書いています。「人間は群れを作る動物であり、群れに対して一体感を持つ」と書いた同じ本のなかで、「群れを作る動物は、群れに災いをもたらす個体が現れると、それを排除する」と書いています。人間の場合はさておき、動物の場合、たとえば伝染病に罹った個体が現れたら、それがいると群れ全体が災いを被るので、それを排除します。群れとの一体感がある一方で、群全体にマイナスになるものを排除するのです。原理的には「棄老」と同じことです。

生き物にとっては、子孫を残すことが一番の目的です。現在まで子孫を残してきた種は、なんらかのかたちで子孫を残すのに適切な方法を持っているのです。たとえばニシンの生まれた子がすべて生き残っていたら、二十年間で地球と同じくらいのニシンの塊ができるそうです。卵のときにカズノコで食べられて、大きくなると他の魚に食べられて、それでも残るだけの数の子孫を生むということです。一匹ごとに「たくさん生まないと子孫が絶滅するから大変だ」と思って生んでいるのではなく、何万年という長いあいだにだんだんと変わっていき、そういうかたちで外界に適応した種だけが今まで生き延びているのです。

自然のおきて

東北に棲む鷲の巣作りを追った番組がありました。親鳥が卵を三つ産みました。最初に二羽孵化して、次の日にもう一羽生まれました。一日差でも体力差があります。親がエサを取って帰ってくると、雛は口をあけて食べようとします。一日遅れの雛は弱いので、口の開け方などのアピールが他の二羽より劣ります。そうすると先の二羽ばかりがエサを食べて、一日遅れの雛は食べられません。これが何日か続くと一日遅れの雛は巣の中で死んでしまうのです。そして二、三日すると、元気な雛が死んだ雛を掻き出して巣の外に出してしまいます。これが自然のおきてです。

キタキツネは母性愛がいっぱいです。巣に熊が近づくと、子ギツネを守るために巣から飛び出し、熊を巣から遠くにおびき出します。おびき出している最中に熊にやられてしまうこともあり、命がけでやるわけです。ところがある時期がくると、いままで甘えさせていた母親が小ギツネが近寄って来ると本気で噛むのです。子離れ・親離れの時が来ているのです。親に噛まれて死ぬ小ギツネがいるくらい、本気で噛みます。そうすると小ギツネは仕方がないから親から離れ、自分のなわばりを作らねばなりません。自分と違う食べ物を食べる動物ならば、いくらそこに入ってきても構いませんが、自分と同じものを食べるもの、つまり他のキツネがなわばりに入ってきたら、追い払わねばなりません。そういうなわばり争いをして生き延びられるのは一、二割だそうです。負けたキツネは死ぬよりない。要するに、強いものが生き、弱いものは死ぬのです。強いものが子孫を残す仕事を引き受ける。そういう厳しさが自然にはあります。

個人意識の誕生

私たち人間にも似たようなところが多分ある。ローレンツのいうように、われわれは群れを作る動物だからです。神戸の震災のように皆が危機的状況にあれば仲間として支えあえるけれども、仲間にマイナスになるような者が出れば、容赦なく切り捨てることがありうると思います。

そこで「個人意識」が出てきます。個人の自由・個人の権利という考え方が出てくるのは、近代市民社会の出現とともにです。個人がほとんどないような群れ優先・集団優先の状況から、個人を大切にする考え方が出てきます。これが十七世紀ぐらいです。

自由とルール

ホッブスというイギリスの政治思想家が、「万人は万人に対する狼である」という言葉を残しています。個人意識を大事にしよう。個人の権利や自由を大事にしよう。そういう考え方が出てきました。そのときホッブスは、もし個人意識を尊重すれば、お互いがお互いにとっての狼となる。そして弱肉強食になれば皆が共同して生活ができなくなることに気がつきます。個人意識の尊重はエゴイズム、自分本位を認めることになるからです。

これを規制するためには、ルールを作らなければいけません。たとえば、ブランコがひとつしかないのに子どもが五人いて、皆が乗りたいと思っていたら、やはりルールを作らなければいけません。ルールがなければ「自分が先だ」となって喧嘩になり、誰も乗れないうえに、大怪我をする子どもが出てくるかもしれません。それを避けようとすれば、ルールが必要です。その点、交通ルールははっきりしています。赤信号が止まれで、青信号が進めです。それを破ったら交通事故を起こしますから、命がけです。

だから個人を尊重するといっても、何でも好き勝手にやっていいということではありません。ルールを守ることが必要なのです。ホッブスはそのことに気がつきました。彼は「個人意識」に目覚めて個人の権利や自由について考えるのですが、そのためには「ルール」というきわめて不自由なものを受け入れないといけません。この不自由なルールを受け入れることができる人のみが、共同社会のメンバーとして受け入れられるのです。「自由には責任がある」という言葉があるように、自由に生きようと思ったら、そのためのルールが必要であり、ルールを守るだけの能力が必要です。

これは河合隼雄先生にうかがった話です。あるアメリカ人が河合先生に「日本人は子どもに個室を与えているけれども、それはなぜか」と聞いたそうです。アメリカでは十五歳くらいまで、子どもの個室の鍵を親が持っています。だから親はいつでも子どもの部屋に入れます。そういう仕方を納得するのに三百年かかった、と言われたそうです。どの程度、子どもの自由を認めて、どの程度、親が監督するのか。監督とは、ある種のルールに従わせることです。このことと「個人尊重」とのバランスをどのようにとるかは、とても難しい問題です。

日本では、一人前の責任能力のない子どもにたくさん自由を与えていて、そのことで、親だけではなく当の子どもたちも往生しています。ルールを通していかに自分を生かすのかが大切なのです。下手をするとルールにがんじがらめになってしまい、自分を生かせなくなるからです。そのバランスがすごく難しい。そして、集団生活を通して、自分を生かす手だてを身につけさせるために出てきたのが学校なのです。個人の自由や権利を守ろうとして個人意識が出てきたのですが、実は不自由なルールを守るという代償がないと自由は成り立ち得ない、という逆説があります。

個人差と上昇・下降の問題

そして、個人のことを問題にすると否応なしに「個人差」が出てきます。個人差とはいわば能力差です。いまの社会には、なりたい人はたくさんいるけれども、なれる人は少ない職業があります。だから「あの職業に就きたい」と思っても、競争があります。比較が避けられません。個人意識を尊重すれば、どうしても個人差が露わになり、それは能力差として出てきます。医者や弁護士という職業に就こうと思ったら、それなりの能力が必要です。しかも、努力しても駄目な場合があります。素質と努力と運、この三つがあってこそ、他人が就き難い職業に就くことができます。

こうなると否応なしに、自分の限界、自分の劣等性が浮かび上がってきます。個人意識を貫こうとすれば、必然的に、他人との比較、自分の劣等性や限界にぶつからざるを得なくなり、これはつらいものです。だから個人意識うんぬんという場合、自分の限界を引き受ける覚悟が要ります。若者に限らず大人のなかにも、これに参っている人が現在とても多いのではないでしょうか。

個人社会では、個人の努力次第、能力次第で、大金持ちになれます。マイケル・ジャクソンは歌ひとつで、自分の家の端から端まで汽車に乗らないといけないような家に住んでいるそうです。ビル・ゲイツも貧乏でしたが、いまや世界一の金持ちです。このように、ある程度の才能があり、努力して運に恵まれれば、社会的上昇が可能です。ただし、いま金持ちでも少しさぼったり、あるいは地震など不運にあえば、一度に下降・転落するのが個人社会です。多かれ少なかれ格差社会なのです。

かつての仲間社会は「群れ」の社会でしたから、確かに個人はほとんど尊重されませんでしたが、生きるも死ぬもみんな一緒ということで、それなりに安定していました。封建時代になると、日本でも士農工商という身分が固定していました。武士として生まれた者は死ぬまで武士、農民に生まれた者は死ぬまで農民です。不合理なものですが、こういう固定した社会では、上昇の可能性もない代わりに没落の危険性もなく、いちおう安定はしていたのです。

仲間意識から個人意識へ

それでは、いまの社会のように上昇と没落の可能性が起こったのは、いつ頃でしょうか。

中岡という人は定時制高校の教師を十年間やっていました。昭和三十年代、日本の労働人口において第二次産業に従事する人が第一次産業に従事する人を超えた頃です。農業国であった日本が工業国に変わった節目が昭和三十年代後半ですが、その頃、この人は京都の西陣で定時制高校の教師をしていて、生徒の相談に乗っていました。

その相談の多くが「親父がだらしない、困った」というものでした。その頃の西陣の労働者はおよそ三～四世代が同居していたらしい。おじいさんが家長で、一番の稼ぎ手は父親です。定時制の生徒は、義務教育が終わったら働きはじめ、昼の仕事が終わると、夜に定時制の高校に通っていたのです。自分たちが稼いだ分は全部、家に入れます。そのお金を管理して威張っているのがおじいさんなのです。このおじいさんは働いていません。ところが一番収入のある父親が、自分たち子どものために、威張っているおじいさんに文句を言ってくれません。しかも子どもたちが自分の収入だけで自立することはできません。皆の収入をあわせて三世代がやっと暮らせる状況だったのです。

生徒たちの相談は、「収入のないおじいさんが一家を取り仕切っているのはおかしい。実際に稼いでいる者にもっと権限があっていいのではないか」ということだったのです。当時の日本は工業社会に変化しつつあり、子どもたちの収入も次第に増えて、自立の可能性が見えはじめた頃でした。これが、昭和三十年代後半から四十年代にかけて、生徒の悩み相談を通して浮き上がってきた過渡期の像でした。

永遠の少年

その後、一九八〇年代になると、わけのわからない若者がたくさん出てきて、面食らったことを私も覚えています。彼らは「新人類」と呼ばれました。当時の大人たちは、こうした若者が何を考えているのかについて、たくさんの本を書きました。たとえば河合隼雄先生の『母性社会日本の病理』が出たのが一九七六年です。フォン－フランツというユング派の分析家が書いた『永遠の少年』の翻訳が出たのは一九八四年です。フロイト派の小此木啓吾先生の『モラトリアム人間の時代』も、精神科医の笠原嘉先生の『アパシーシンドローム』も同じ年に出ました。彼らの特徴は何よりも、自立志向です。そのために彼らが作り出した人間関係が、いわゆる道具的人間関係です。これは、あらゆる人間関係を自分の欲求を充足させるための道具として見る考え方です。

道具的人間関係

たとえば、ある剣道の師範代が『このごろの若い者の気持はさっぱりわからない。昔は稽古が終わると、若いみんなと一緒に飲みに行った。仕事の話をしたり、恋愛の話をしたりするのが楽しみだった。このごろの若い者は、誘ってもついてこない』と嘆いていました。なぜかと尋ねると、『わたしはここに剣道をしに来ている。仲間も師範も良い人で満足しています。でも飲みに行くのなら、もっと気の合う飲み仲間と行きます』とのことです。強引に誘うと、道場に来なくなる危険があるのでそれ以上は誘えない。『なんとも世知辛い世の中になりました』とその師範代が言っていたのが三十年前のことです。

剣道をするためには相手が必要です。だからこそ道場に来るのですが、彼らにとっては、剣道さえ出来ればいいのです。剣道をしたいという欲求を満たす道具としてしか、師範代や仲間を見ていません。全面的に関わることはしないのです。その点、人間関係は非常にあっさりしています。

こういう若者が一番嫌うのは「かけがえのない関係」です。かけがえがないということは、その人でなければ代わりがいないということです。いわば「この私とこのあなただけの深い関係」です。ところがこの人を通してしか自分の重要な欲求を満足させることができないとすれば、たとえば愛情関係がそうなのですけれども、その人にそっぽを向かれたら自分の重要な欲求を満たすことができなくなります。「この欲求はあなたでなければ満たすことができない」となれば、自分は自分を殺して、その人の言いなりにならざるを得ません。それは「自立」しているはずの自分の立場を放棄すること、相手に「支配」されることになります。だから若者は、かけがえのない人間関係を一番嫌うわけです。すべてをかけがえのある人間関係で賄います。剣道場がなくなり仲間や師範代がいなくなっても、他の剣道場に行って別の師範に教わればいいのですから、かけがえはある。相手に依存する必要がその分ないわけです。

だからかけがえのある人間関係を張り巡らせれば、あらゆる欲求を満たすことができて誰に頼る必要もありません。逆に「仲間」とは、お互いがお互いの存在を必要と認めあう関係です。これがかけがえのない関係です。新人類・永遠の少年たちは、そこで仲間を断ち切ります。かけがえのない関係は煩わしいというより自分の存在を根底から脅かしかねないからです。

当時、似たようなことはたくさんありました。ある婦長さんが違う病棟へ移ったところ、そこのナースステーションがすごく汚れていました。きれいにしようと思ったのですが、若いナースに口で言うと反抗したりふくれたりしますから、自分から率先して掃除をしました。そうすれば若いナースたちが『婦長さんはもっと大事な自分の仕事をしてください。掃除はわたしたちがやりますから』と言ってくれると思っていたのですが、何も言ってくれません。三、四日後、若いナースが廊下で『今度の婦長さんはすごく掃除が好きなんだよね』などと喋っているのを聞いてガックリ来たというのです。これも、「仕事仲間」「みんなの仕事」という意識がないからそうなったのでしょう。

他にも、ある係長クラスの会社員がこう言っていました。社員旅行となると、新入社員が『これは公務ですか。プライベートですか』と聞いてきたそうです。そして『公務なら仕方ないから行く。もちろん手当ては出るのでしょうね。プライベートならもっと気の合った仲間と行く。なぜ、課長や部長と一緒に行かなければいけないのか』と言って断ったそうです。その頃までの日本の会社では、酔っぱらってしらふかどうかわからないところで、本音を言い合うことが大事だったのです。しかし理屈からすれば、この新入社員の言い分は筋が通っており、先輩社員はとっさに言い返すことができなかったらしい。

これらはみな「道具的人間関係」の例です。彼らは道具的人間関係を張り巡らして、いま付き合っている人との関係が切れても、いつでもスペアがある状態を保とうとします。それによって常に自由な立場を失わない自立した人間であろうとするのです。しかしこうした「永遠の少年」には意外な落とし穴があります。それは、自分自身のかけがえのなさを感じられなくなっていることです。というのは、おのれのかけがえのなさは、他人によって「この人はかけがえのない人間」として扱われてはじめて身に付くものだからです。かけがえのなさとは何かというと、「わたしは、わたしでなければ実現できない、ユニークな意味を背負って生きている」という実感です。

「永遠の少年」たちは、かけがえのある関係ばかり結びますから、相手にとっては自分もかけがえのある存在でしかない。かけがえがないとは、お互いがお互いにとってかけがえがないことだから、相手をかけがえがあると考えている以上、誰も自分をかけがえのない存在だと思ってくれません。その分、あっさりしたものであり、一種の契約関係みたいなものです。しかし、おのれのかけがえのなさを感じられないことは、実はおのれの存在感の底が抜けていることです。彼らの軽妙な日常生活とは裏腹に、こころの底にはいつも空虚感があり、それがしばしば束の間の馬鹿騒ぎで紛らわされているのです。

このことは、「わたしはいったい何なのか」というアイデンティティの問題につながります。このごろ「自分探し」がはやっていますが、それは現代人が「道具的人間関係」を張り巡らせて、かけがえのない関係を切り捨てて、仲間とのつながり感を失ってしまっているからです。そういう状況で「わたしはいったい何者なのか」という、なんともいえない空しさにとらわれているのです。

自由志向について

「永遠の少年」たちは、とにかく自由でいたいという気持が強い。自分の可能性を最大限生かしたい。束縛されることを極端に嫌います。だから定職に就いたり結婚をすることには、きわめて消極的です。就職しても、気に入らなければすぐにやめます。そして、まずしたいことを優先させます。当然、アルバイト志向になります。フリーターが出てきたのがこの時期です。その頃はバブルの最中でしたから仕事はいくらでもありました。

彼らは、金や仕事に対しては一見淡泊です。好きなことには一生懸命ですが、とことんまではやりません。永遠の少年たちはなぜか、自分はものすごいことをする。しかし、まだその時は来ていないと思い込んでいます。いい加減で、ムキになってやりません。「とりあえずいまは何とかしのぐ。とりあえずは気に入ったことをしておこう」ということです。一方で純粋なところがあり、たとえば「歌は楽しいから歌う。上手になるためでもないし、プロになるために歌をやるなどもってのほかだ」などと本気で思っています。こういう人たちは、だからしたくないことはできるだけしないようにします。そうすると、してもしなくてもどうでもよいことばかりが残ってきます。何をするのかは、そのときの気紛れになります。そうなると、自分のやっていることが何のためにやっているのかわからなくなってきます。何のために生きているのかが見えなくなってくる。一種のニヒリズムです。もちろん達成感も何もない。そこで本当のことをする時はまだ来ていない。だから今は仮のことをやっている。だからあらゆることが「・ここ」だけで終わってしまう。それが彼らを、先に述べた「自分探し」に駆り立てています。何ともいえない無力感・空しさを感じているのです。

いかに生きるか、いかに死ぬか

こういう人たちは、自分の可能性を生かすことばかり考えています。だから「死ぬ」ということが念頭にない。「死」とは、人間に課せられた一番大きな限界です。それが「生」のプロセスに入ってこないと、「意味」というものは感じにくいのです。

いまの私たちの文化がどこかおかしくなっているのは、「いかにうまく生きるか」ばかりを考えて、「いかにうまく死ぬか」がごっそりと抜けているからではないでしょうか。ボーヴォワールは「人間は、老いることと死ぬことを、その時が来るまでほとんど意識しない。それは人間にとって幸せなのかどうか」と言っていますが、「意味」というのは、「死」を自分の生のプロセスに入れることではじめて見えてくるもののようです。

退却症候群

名古屋大学医学部の精神科の教授だった笠原嘉先生の造語に「退却症候群」というのがあります。同じ意味で「オリズム」という言葉も使われています。現在五十歳くらいの「永遠の少年」第一世代には、高学歴者が多いですね。彼らはそれまで競争社会を勝ち抜いてきました。しかし勝ち抜きが進んでくると相手もだんだん手強くなってきます。そうすると「負けるかもしれない」という状況が生まれてきます。負けそうになったとき彼らはオリる。退却する。とことんやって「おまえはその程度か」と言われるのが嫌だからです。「がんばればできるだろうけれども、やってもしょうがないからな」と言うのが、そういう場合の彼らの言い草です。そうすれば、自分の限界が自分にも周りにもわからないですむからです。これが退却症候群です。「自分はいつか大きなことをやるのだ」と言っているのは、勝負をしていないからです。「歌は楽しいから歌う」「プロになるのは不純である」と言っているのは、プロになれないおのれの限界を受け入れられないからです。こういう退却症候群が永遠の少年にはつきまとっています。彼らのこころのなかには、常にある種の挫折感・劣等感が渦巻いているのです。

自分本位と外罰性

ローレンツが書いた本に、このような話が出ています。

アメリカである殺人事件が起きました。精神科医などの識者を集めて、人殺しをした若者をどうするのかを検討しました。その結果、この男は生まれたときは天使のように無邪気な赤ちゃんであっただろう。それがここまでひねくれた根性の持ち主になったのは、環境が悪い。人殺しではあるけれども、この男も環境による被害者である。また、生まれた頃から性格がねじ曲がっていたならば、これは遺伝であり、やはりこの男は被害者となる。被害者を罰するわけにはいかない。治療することで何とかまともになってもらうのが最善の方法である、となったそうです。そこで病院に入れて、一生懸命治療しました。「これでよかろう」と思って退院させたところ、第二の殺人です。そこで「治ってもいないのに治ったと判断したわれわれが悪い」ということで、もう一度入院してもらい治療して退院させたところ、第三の殺人事件が起きます。そこで識者が集まって「一番悪いのはひょっとしたらこいつかもしれない」となったそうです。

これは難しい問題です。生まれたときはたいていの人は無邪気です。それがおかしくなるというのは環境が悪い。また、生まれつき悪いとすれば本人のせいではない。この論法でいえば、あらゆることについて本人に責任はないのです。しかしこういう論法は、ある程度正しいのですが、やはりどこかおかしい。ところがこの論法を今の若い人たちが使うのです。「環境が悪い」と。私の知っている高校生は、『自分が学校に行かないのは、中曽根が悪い』と言っていました。中曽根首相の頃です。要するに「世間が悪いのであって自分は悪くはない」ということです。そして自分の責任をまったく考えずに、親や学校や世間を責めるのです。かつての永遠の少年には、「自分の可能性を見つけだしたい」とか、「自分なりに純粋に生きたい」とか、どこか煌めくところがありました。金や地位や名誉に表面上こだわらないから、どこか爽やかなところがありました。しかしそれがあまりに自分本位で外罰的になり、薄汚れてきたのが近頃の若者です。それがもっとひどくグロテスクな形で現れているのがニートです。

痩せたソクラテスと幸福な豚

ソクラテスは「私はどこから来て、どこへ行くのか」と考えていました。一方、快食・快眠・快便で、なんの悩みもないのが、幸福な豚です。昨日のことも、明日のことも考えない。このどちらが人間らしいのでしょうか。

愛知県の犬山にモンキーセンターがあります。かつての関取の小錦のように大きなオラウータンがいて、この一匹だけが檻に入れられていました。ずっと目をつぶっているのですが、一〇分に一度くらい薄目をあけてわれわれを見るのです。それを見て私は「こいつは自分が捕らわれていることに気づいているな」と感じました。だから、悩みに悩んで食いに食って、こんな小錦みたいになったのではないか、と。

私は田舎育ちですが、養鶏所にいるニワトリはミカン箱みたいな箱に入れられた状態で、目の前にエサがあると幸せいっぱいに食べています。卵を生まなくなるとペットフードになることも知らずに、です。かわいそうなのですが、目の前にあるエサをがつがつ食べている、まさに幸福な豚です。

現代社会には、こういう人が多いのではないでしょうか。「わたしはどこから来て、どこへ行くのか」などと考えるのはダサい、と。物が豊かになり、その分こころは貧しくなった、と言われるようになって久しい。ソクラテスがいなくなって、豚ばかりになったような気がしなくもありません。

「ノイローゼが治るとは苦悩する能力が甦ることである」と、『夜と霧』を書いたオーストリアの精神科医のフランクルがこう書いています。また、ベートーヴェンの第九交響曲には「苦しみを通して歓喜へ」というテーマがあります。ところが永遠の少年は、できるだけ苦しみを避けるのです。人間にとって一番の苦しみは、限界に気づくことであり自分の劣等性を受け入れることです。そういうものを引き受けてこそ、喜びがあるのではないでしょうか。

以上、今回は「仲間意識」と「個人意識」の葛藤についてお話し致しました。それがオーバーにいえば人類史の必然として、とくに先進国で目立ってきているのだと考えています。しかもその答えはまだ見つけられていない。ひょっとすると、個人・家庭・学校さらには国単位では解決できない問題かもしれません。と言ってしまっては何にもならないのですが……。といったところで、今日のお話はおしまいということにさせていただきます。

質疑応答

質問者　パラサイト、ニートなど、いまの日本でおかしな自立志向が出てきたのは、ウィニコットが言っている「最初の母子関係」で充分に相互関係を身につけられなかったからとお考えでしょうか。

氏　原　これは難しい問題ですね。十字架の場合、横の木枠は男女関係であり、縦の木枠は親子関係です。子どものために献身することが女性の唯一の生き方とは言えません。女性は女性として自分自身をいかに生きるのか、という課題もあります。

「母性本能」にしても、そのようなものは本当にあるのでしょうか。昔、知り合いの女性精神科医が初めて妊娠なさった。お医者さんですから合理的に考えたらしく、産むかどうかをかなり考えたそうです。結局、産むことになったのですが、赤ちゃんが初めてお腹の中で動いたとき、思いかけず、喜びがものすごくこみ上げてきたそうです。そして、出産したときは「もう出てしまった」とがっかりしたそうです。本当にかわいかったそうです。しかし一年くらいすると、この人は仕事を持っていますし、赤ちゃんも手間が掛かりますから、「なぜ、こんな子をかわいいと思ったのだろう」と考えた、と話しておられました。

いまは本当に難しいのです。仲間意識が良いのか、個人意識が良いのかもわからないでしょう。結局、皆に十字架があるのです。表と裏もそうでしょう。その十字架を一人一人がどう乗り越えるのかが問題だと思います。

質問者　社会の流れとしては、仲間意識は希薄になり、個人意識が尊重される方向にありますが、それは言ってみれば弱肉強食ですよね。

氏　原　「ルールさえ破らなければ何をしてもいいだろう」というところがあるのではないでしょうか。ホリエモンや村上ファンドがそうだったでしょう。いまは本当に大変な時代だと思います。それには、モノが豊かになりこころが貧しくなったことが絡んでいると思います。個人意識か仲間意識かではなく、ある程度、仲間意識を大事にして、一人はみんなのために、みんなは一人のためにを考えなければいけないし、同時に、自分の得はお前の損、自分の損はお前の得ということもわきまえておかないといけない。「こころの二重性」とはまさにこのことであり、自分なりにどうバランスをとっていくのかを考えなければなりません。「自然に還れ」といっても、自然にただ還れば、弱いものが死ぬだけです。

質問者　ユングの言うように、清濁併せ呑むというか、お互いの折り合いをどうつけるのかを探していくことになるのでしょうか。

氏　原　結局、清濁併せ呑むなんて、私たちにはできません。清らかになりすぎてしまったと思ったり、汚れすぎてしまったと思ったり、死ぬまでのたうち回るのではないでしょうか。

＊＊＊＊＊＊　　＊＊＊＊＊＊　　＊＊＊＊＊＊

質問者　中学校で教えていた関係で、卒業生の相談を受けてきました。大学生くらいの年齢の子だと、目の前で相談を受けて、そのままニートになった子もいます。氏原先生がおっしゃったように、「何を考えているのだろう」ということも、実感としてわかります。関わっていると、それでは済まない部分があり、親や本人から相談を受けると、ではどうしてあげればいいのか、どういう指導をしてあげればいいのか、と非常に悩んでおります。アドバイスをいただけたら幸いなのですが。

氏原　そういう子が相談に来てくれるというだけで第一歩です。普通は、そもそも来ませんからどうにもなりません。追いかけて行くわけにもいきませんから。来てくれるということは、本人なりに納得できないからではないでしょうか。そういう子の場合、十のうちの五くらいはうまくいきます。相談に来ているという時点で、大きな見込みがあると思います。

もうひとつ、あまりに私たちは建て前でやりすぎます。我々は役割を通してしか、本当の人間として触れ合うことはできませんが、また一方で、役割に隠れれば本音を隠すことができるのです。だから、役割には二重性があります。子どもたちが暴れているというのは、本当の人間として接してほしい。親としての本音を聞きたい。そういうことで暴れている子がいます。これは理屈ですが、本当の自分として触れあうことができれば、子どもたちは初めてそういうものと触れあう経験ができるのかもしれません。役割を通してしか本当の人間に触れられない、というとき、しばしばそれは演技になっていて、本当の自分を隠している場合があります。

たとえば「仲が良い」といいます。あの人と居ると、くつろぐ、暖かい、などということで、すぐその意味がわかる。しかし私たちの現実生活では、役割を通してしか、実際の仲の良さはないのです。「あそこの親子は夫婦のように仲がよい」というのは、おかしいでしょう？　夫婦には夫婦ならではの仲の良さがあります。親子には親子だからこその仲の良さがあります。仲が良いという点だけとりあげれば共通点は多いけれども、親子、夫婦、教師と生徒のように、役割を通して以外に現実の仲の良さはないのです。抽象的な仲の良さなどありません。だから、裸の人間関係などありません。役割を通じて触れあうことの難しさに私たちは耐えかねて「裸の人間関係」などと言いますが、そのようなものはないと私は思っています。

＊＊＊＊＊＊　＊＊＊＊＊＊　＊＊＊＊＊＊

質問者　「永遠の少年」についてですが、悩みを持たずに生活を送っているが、最終的には「道具的人間関係」の空しさのなかでアイデンティティを喪失していく、とのことでした。先生のご経験で、それを脱皮する臨床例などがございましたら、ご紹介いただけるでしょうか。

氏　原　私が接触している「永遠の少年」が何人かいます。いまは五十歳を過ぎていますが、塾の経営者になりライオンズクラブに入って、「自分の友だちには弁護士が何人いる」とか言って自慢する、かつての純粋さを失ってすっかり俗物になった人がいます。それから、ときどき「永遠の少年」には自殺する人がいます。また、やけくそで街の老賢者になっている人もいます。

「いつか大きなことをやる」と言いながらも、五十歳になればその「いつか」がなくなるわけです。これまで好きなことをやってきていて独身ですから、いまさら何もない。割合さばさばしている人もいますが、多いのは、真面目にやる人をけなす皮肉屋です。私も彼らに『「人間はみな同じだ」とあなたは言うけれども、俗物に対しては不寛容だ。それはおかしいではないか』とよく言っています。この人たち、特に「永遠の少年」第一世代は、悪いことはあまりしていません。自分で生活をしています。貧乏ですが、それである程度達観しています。しかし、ものすごい鬱屈感はあります。自分の可能性を生かしていないし、勝負していませんから。ひとつのことに打ち込めば相当なことができたのではないか、と思われる人もいます。

質問者　バブル期になって「永遠の少年」が出現したとのことでした。人間は時代性と深く関わっていますから、そうなるのだと思うのですが、これからの子どもたちは、自分で身体をほとんど動かすことなく知識や映像を身につけていくと、人間の大きな変化がまた起きるのではないでしょうか。これからの子どもたちはどうなっていくとお考えでしょうか。

氏　原　半分冗談ですが、私は絶望しています。「もう人類は駄目なのではないか」という気持すらあります。ＩＴが普及していけば、ますますおかしくなります。でも、エジプトの何千年も前の神殿の柱に「このごろの子どもたちはすっかり堕落した。われわれ人類の将来はどうなるのか」という落書きがあったそうです。私たちから見ればどうしようもないと思えても、そういう人たちはそういう人なりに何とかしていくのかもしれません。ただそれにしても、私の考え方ではもうダメではないかと思います。

たとえば成田善弘先生が本にも書いておられますが、自分はいままで三、四十年の精神科医生活で「患者の主体性の回復」を目指してやってきた。しかしこのごろの精神科医はそういうことは言わず、変わり身、その場その場でうまく適応すること、そういう生き方が適応的である、と言う人が出てきた。自分の考え方は間違っていたのだろうか、と成田先生は嘆いておられました。そして「憮然たる思いである」と書かれていました。成田先生も、私より十歳若いものの、老人の部類に入っていますし、そんな私たちからすると、今後の見通しは立てにくいです。ただし、新しい人類のようにがらりと変わると、価値観もすべて変わっていくかもしれませんから、わかりませんが……。

＊＊＊＊＊＊　　＊＊＊＊＊＊　　＊＊＊＊＊＊

臨床心理学の固有像

大塚 義孝

現在ほど大勢の若い方々が臨床心理士にコミットしているということは、それだけ職業化したからでしょう。職業化とは、私たちの固有な専門性が経済的な単価で保証されるようになったということです。「武士は食わねど高楊枝」というわけにはいきません。もちろん、時には食べられなくてもいい、という品格のある人間にならなければいけませんが、それとは別次元で、やはり職業化は必要です。そのためには、社会に対して一人一人が固有の専門性を確立しなければいけません。

ふたつのパラダイム

私はいま、話をしようと思って一生懸命です。言葉にうまく結びつけようと思ってどもったりすると、脈拍が上がります。「自分はいま、血圧が一八五ぐらいだ」とわかるのですが、実際に計ってみると一七〇であり、一五低い。こういうことを言うのが、エビデンスです。しかし、こころで感じている実際のことは、その数字で出たものなのかどうか。自分では血圧が一八〇だと思うが、実際に計ると一七五である。そこから「自分はいま多少緊張している」ということを理解するアプローチを、「エビデンスベース・アプローチ」と呼びます。

他方で、そうではないパラダイムがあります。それはエビデンスベース・アプローチに対して、「ナラティブ・アプローチ」と言っています。ナラティブとはお話です。物語的アプローチと言えます。私は七十五歳ですが、七十五年生きてきた歴史が、皆様方に語りかけているわけです。

カウンセリングの際、相手の身長とか、前の晩はよく寝たかどうかを知ることも大事ですが、その人の生き様をふまえて初めて、その人固有の姿を理解することができます。河合隼雄先生は「物語を読もう」とよくおっしゃいますが、それは「その人固有の生き様」に光を与えることです。その光で見えてきたものは、エビデンスとは違います。

臨床心理学はこのふたつのパラダイムをいかに受け止めるのか。このことを最初に強調しておきたいと思います。

プロフェッショナルな課題

臨床心理学の固有性として、お金になるだけのものをきちんと持たなければならない、という面があります。いま、スクールカウンセラー事業があり、小泉内閣の小さな政府政策により、スクールカウンセラー事業も、特に小中学校の義務教育におけるスクールカウンセラーの給与は、国が出さず、地方団体の方から出してもらうようにしようとしました。国の根幹である教育に関わることですから、文部科学省は大いに異議を唱えた結果、平成十九年度の国家予算には、国が三分の一を補助することで決着しました。ちなみに従来は、半分補助していました。

いまから八年前に、国が公立学校に臨床心理士をスクールカウンセラーとして派遣することになり、その支給額を一時間五五〇〇円としました。スクールカウンセラーは週二回、一日四時間、一ヶ月で一七万六〇〇〇円になります。これは常勤ではなく、いわばパートです。その当時、一万二〇〇〇人の臨床心理士を養成してくれと依頼されたものです。人材育成は量ではなく質が大事ですから、そう簡単にはいきませんが、質の時代のいま、なかなか世の中の要望する量に追いつくことができていないのが現状です。一方、東京・京都・大阪・埼玉では臨床心理士が飽和状態です。

ここでなぜ生臭いお話をするのかというと、私は皆さんに、自分で身を立てる専門家になっていただきたいからです。フリーターという言葉がありますが、これは人間の独自性を担保する素晴らしい言葉だと思っています。自分の上にも下にも誰もおらず、自分の甲斐性だけでやっていくからです。

たとえば弁護士も一人前になると自分で事務所を開きます。お医者さんも開業します。私だってそうです。私はこの歳になっても、講演会の講師の依頼もあるし、大学院に教えに行かなければならないし、ケースの相談も受けなければならないし、少しはほっとしたいですが、私はフリーターなのです。「大塚先生くらいになれば、フリーターと言っていられるかもしれませんが、わたしたち若い者はとてもじゃありません」と言われるかもしれませんが、どうしてどうして、頭の使い方ひとつです。

現在、約一万四二〇〇人の臨床心理士が活動されていますが〔平成十九年四月一日現在、一万六千九四一人の方に免許認定証を発行しています〕。五〇〇〇人ぐらいがスクールカウンセラーとして頑張っておられます。この人たちはパートでやっています。俗にいうフリーターです。フリーターだからこそ、いろいろなことができるのです。ある曜日にスクールカウンセラーとして学校に行き、他の曜日には病院の研修会のコメンテイターという違う仕事をすることも可能です。地域に密着して、地域の人たちから「あの人にはぜひ来てほしい」と言われるようになれば、仕事の面でも優遇されるようになることもあります。ただし、河合隼雄先生もおっしゃるように、最後は実力です。自分の出身校のケースカンファレンスに出るとか、勉強する日もつくらなければいけません。

広がる活躍の場

臨床心理士は、個室でフェイス・トゥー・フェイスでカウンセリングをするのが基本ですが、それを拡大すると、こころの健康活動が大切になります。私たちの専門性を将来、社会に対して具現化するとき、これは重要なテーマになります。たとえば企業労働機関の顧問になることです。いま、自殺が多いです。会社として被害者の家族にこころのバックアップをどうしていくのか。そこのところを援助していく専門家が求められています。わかりやすくいうと、いろいろな会社の顧問になることです。

また、人間にはいろいろな発達段階的な特徴があります。そうすると老人・更年期・青年期・児童期など、専門が分かれてきます。人間全体を考えるためには仲間と語ることも大事です。法律でも、商法や刑法など分野の違う専門家が集まって一つの法律事務所を開くように、カウンセラーも、力のある専門家が集まってひとつの機関をつくり、できるならばそこで若い人を育てていただければと思います。そして、月曜日はスクールカウンセラー、火曜日は母校での研究会に行き、他の日は仲間と共同出資したセンター（クリニック）に行くようにする。仲間とは、たとえば木曜日に必ず顔をあわせるようにして、クライエントの問題点を勉強しあい、自分自身のセラピストとしての明確化を図ったり、クリニックの共通テーマなどについて共同して関わるようにする。これが私の、本当のフリーターの展開する実態モデル像です。

身を立てることの意味

これは実際に実行してきた現実の話です。私は五十年以上にわたって、臨床心理士を専門家として自立してやっていけることを願い、頑張ってきました。大学院は思いのほか大発展しました。これをどうやって国の制度に組み込むのか。昨年のモデルでは、文部科学省が臨床心理士を所管し、試験は私どもがやっている認定協会に委託し、文部科学大臣が免許証を発行するというシステムでした。これはプロフェッショナルなものです。

英語の語源では、プロフェッショナルとは、神父や牧師に関わるもの、医療に関わるもの、法律に関わるものの専門職業家に該当します。私たちは、臨床心理学の社会化という文脈から「臨床心理士」という資格を作ったわけですが、これもプロフェッショナルなものに適合するというスタンスです。アメリカの場合、クリニカル・サイコロジストと呼ばれますが、それはプロフェッショナル・サイコロジストとイコールです。アメリカの場合、ドクターコースを修了していなければなりません。大学で四年間学んだあと、四、五年勉強しなければ受験資格は得られないわけです。日本では修士課程の二年間を経ること（つまり一種指定大学院や専門職学位課程の修了）を必須とする条件を基本としています。

ところで、本年〔二〇〇六年〕の七月、先ほど申し上げた国のシステム案において、免許に添付する収入印紙の額面が問題になりました。医師の免許では六万円。パラメディカルスタッフでは一万五〇〇〇円。では臨床心理士の場合、いくらくらいが妥当なのか。これは安くてはいけないのです。仕事に貴賤はありません。それとは別次元で、やはり人間の尊厳性を担保する「こころ」を対象とする専門家なのです。それなのに収入印紙が一万五〇〇〇円でよいものかどうか……。「高い」「安い」という評価感覚もどうもしっくりしないのですが、臨床心理士の社会化・制度化・法制化の課題としては避けて通れません。しかし、いろいろディスカッションをしているうちに、これらの法案は流れてしまいました。

また免許の切り替えについても、移行手続きをしてもらうという案が出てきました。単なる免許切り替えだけではない。新たに試験をしてもらわなければいけないということになりました。試験問題を作る立場にある河合隼雄先生らにもマークシートやレポートを出してもらうのかということで、これまた議論になりました。一つの法律が生まれるためには、その実際化には思わぬ難問が実に多岐にわたってあるものです。

ライセンスをめぐって

この痛い経験は、「臨床心理士」が国の資格であろうがなかろうが、フリーターであろうがなかろうが、近い将来に向けて、とりわけ日本の風土と、今日の超高度に文明化した時代性にフィットした公共的な高度専門職業人としての「臨床心理士」を二十一世紀の〝ライセンス〟をもった人として育てなければならないと思っています。

皆さんのおっしゃる流行の（？）「国家資格」とは厚生省〔厚生労働省〕認可免許のことなのです。この狭窄した「国家」の亡霊から自由になることこそ、きわめて重要なことと思われます。

大学の先生も高校・小中学校の先生も「国家資格」であると、この百四十年の文明国日本で騒いだことは一度もありません。自由人をもって認ずる大学の先生は、厳しい固有の審査基準に則り、教授に任用されたり助教授〔准教授〕に任用されたりします。そうした方々が、さまざまの法体系の人格を特化させる専門家として定められ法律に記載されています。だからこそ、勉強を一所懸命に重ね、人のため世のため、また自己実現のために、その〝専門名称〟を大切にし、それに矜持をもってきたのです。

いわんや小学校の先生〔教諭〕も中学校の先生も高校の先生も、文部省〔文部科学省〕の管轄とはいえ、現在は全国四七都道府県や市町村の教育委員会の責任において、その〝ライセンス〟の有効性を担保しています。わざわざ「国家資格」とはいいません。近い将来、「臨床心理士」と同じように、十年間の免許切り替え制度の導入が具体化されようとしています。

厚生省免許にはどれ一つとして免許切り替え制度がないことも、今回〔平成十八年度〕の法制化をめぐる法案で話題になったものです。国民（ユーザー）にその高度な専門性の提供を担保するものは、一定の水準（一定の専門能力の維持発展力）を担保する、免許切り替え制度の精緻な具体化ではないでしょうか。

固有のスタンス

ところで、この「臨床心理士」の固有な専門性について、私は常に「臨床心理士とは、人が人に関わり、人に影響を与える専門家である」と申しています。臨床心理学の実践家は、クライアントに関わり、クライエントに影響を与える専門家なのです。

一方、学校の先生も教育者として、児童・生徒に関わり、児童・生徒に影響を与える専門家です。そこで「臨床心理士とどう違うのか。我々にもスクールカウンセラーをさせろ」と言う先生もたくさんおられます。一万五〇〇〇人ほどの臨床心理士のうち、一五％は教育関係者です。

しかし、大元のスタンスの違いがそこにはあるのです。学校の先生には、子どもが固有にもっている価値観とは直接に関係のない、その子どもが生まれてきた風土に先験的に存在する「教育目標」があるのです。国民として、市民として、基本的に読み・書き・算数ができていないといけません。また、子どもが生きている地域の文化を収得することも必要です。義務教育を施そうとする先生は、こうした社会的な共通項的な「教育目標」に向かって、児童・生徒を教育していかなければなりません。

私たちカウンセラーはそういうことをしません。不登校の生徒に対して、学校の先生が『なぜ、学校に来ないのだ。若い頃は学校に来て、勉強をしなければいけないじゃないか』と言うのは当然ですが、臨床心理士は、不登校の子に対して最初のうちは『学校に行きなさい』とは言いません。このことを抽象的にいうと、臨床心理士は相手の価値観を尊重するということです。そこが、学校の先生と根本的に異なるところです。

ナラティブな価値を尊重する

相手の価値観を尊重するというとき、もしクライエントが『自分の父親を殺す』と言い出したら、どうすればよいでしょうか。一般的に「カウンセリングは、相手の走り具合にあわせて伴走するようなものだ」とモディファイされたイメージで語られますが、実際の現場で、相手の価値観を尊重するのは、本当に大変なことなのです。

皆さんが初めて臨んだスクールカウンセリングで最初に会った生徒（クライエント）がそういう人だったら、どうすればよいでしょう。『自分の父親を殺すなんて、あってはならないことだ。父親はどれだけ君のことを思って苦労されているか……。そんなことを言ってはいけない』と言ったとすると、それはこちらの価値観です。そこで『あなたは、お父さんを殺したいほど、思いつめてお父さんのことを考えているのだな……』とか、そこまで言わないにしても『あなたは、お父さんを殺したいと思うほど、興奮しているのだな……』とかいうように応答するかもしれません。とにかく『殺してはいけない』とは言いません。

このように、学校の先生は教育目標に向かって行いますが、私たち臨床心理士は、一人一人の生きてきた「ナラティブな価値」をどのように自己実現されるのか、そのための援助に関するテーマと具体化が問題になるのです。一人一人の自己実現のための助言者として、私たちは専門家として、この世に関わっているのです。

エビデンス重視との違い

学校の先生に限りません。われわれに近い「医療」に関わる専門家である医師と臨床心理士は似て非なるものです。

医療のパラダイムには三千年の歴史があり、あらゆる人間の実際の病気について専門的に関わっています。しかし、お医者さんのパラダイムは「エビデンス」のアプローチです。検証・立証・証明的に「科学」として発展してきました。お腹が痛いならば、胃液や血液を客観的に調べて、お腹が痛いのを元に戻す専門家です。足がなくなったら、義足を使ってでも、元の形に限りなく近く戻してあげる専門家なのです。

このように臨床心理士には、お医者さんとも学校の先生とも違う、まったく固有の基本的なスタンスを持ってやっていただかなければならない、独自性があるのです。いわば臨床心理士としてのアイデンティティに関するもので、臨床心理学の基本原理に関するものともいえましょう。

ふたつのバージョンの視点から

「太陽が東から昇る」、こういう大真理を尊重して、私たちは専門的な行為をしています。このことは十九世紀的な実証科学からすると、「それは錯覚です。地球の周りを太陽が廻っているのではなく、太陽の周りを地球が廻っているのですよ」となります。こうして天動説から地動説への転換、コペルニクス的大転換が起こりました。

しかしながら私たちのこころは、太陽が西に沈み、次の日にまた東から昇るからこそ、安定しているわけです。これは別な言い方をすると、社会構成主義の人たちは、それはバージョンであると言っています。〝体験的バージョン〟。バージョンとは、「そういう見方のスタンスがある」ということです。太陽が東から昇るというのは〝体験的バージョン〟です。それに対して、地球は太陽の周りを廻っているというのは〝科学的バージョン〟になります。

いま、私たちは堺市にあるビルの二階にいます。大きなシャンデリアの下の講演会。これが科学的バージョンになると、ものすごいスピードで地球は廻っていることになり、そんなことを考えたら、今晩寝られなくなります。

そう考えると、こころと実体は紙一重です。〝体験的バージョン〟と〝科学的バージョン〟を統合的に理解するのではなく、いずれも真実であると認識することが、これからの臨床心理学の大切なスタンスだと思います。

こころと科学

こころの現象は、炭素と水素と酸素という三つの元素のバリエーションです。

私は今から五十年前、滋賀県の、日本で最初に生まれた民間精神病院の附属施設（今日の表現でいうと発達障害センター）に勤めました。いまでいうアスペルガー、自閉症、小児精神分裂病〔統合失調症〕か「精神薄弱」というラベルを貼られて全国から集まってくる不幸な子どもさんがたくさんおられました。そういう方々を何とかしたいと思いながらも、私たちはほとんど、手をさしのべることはできませんでした。臨床心理士も、最初はそういう人たちを対象にしていたのです。

ウィットマーが「臨床心理学」という言葉を最初に言ったのは一八八七年で、そのアメリカ人が最初に手がけたのは発達障害児へのアプローチでした。その末裔とは申しませんが、私が最初に勤めた附属施設や、その当時にもこうした関連機関には、脳科学者がいろいろとおられたものです。そして強調されたのは、グルタミン酸ソーダを食べると賢くなるという学説です。『味の素を食べると効果があるのでしょうか』と切実な相談を受けて、『確かに脳細胞の化学式と似ていますから、関係がないこともないでしょう』と答えていたものです。それから二、三年すると、そうではないことがわかりましたが、グルタミン酸ソーダという物質と、私たちの知能の賢さという重要な精神能力が、初めて出会う世界だったのです。それは今日「こころとニューロン」という新しいテーマになっています。

わかりやすい言い方をすると、哲学や文学の世界と、医学と細胞学の世界が、いま一体化しようとしています。「太陽が東から昇る」という〝体験的バージョン〟もひとつの真として大切にするし、〝科学的バージョン〟も大切にしようとするのです。

ニューロンとの関わり

ところで、「こころ」の科学的基礎はどこにあるかというと、それはいうまでもなく、ニューロンといわれる脳神経細胞の集合体である「脳」にあります。

目から視神経としてのニューロンを通じて伝達されます。すると、それらの作用（効果）として、美しいとか、きれいと感じるわけですが、そう感じた「こころ」が今度はニューロンに影響を与えていることに注目したいのです。一種の「心脳関係説」です。

もし私がここで熱弁を振るいすぎて脳内出血を起こして倒れたとします。その影響で左脳が損傷すれば、言語機能に障害が残ります。これがこれまでの物理的な立場でした。しかし臨床心理学の〝体験バージョン〟も踏まえて言えば、私がリハビリテーションを行い、周囲の人たちが毎日お見舞いに来てくださり励ましてくだされば、病室が賑やかになり、私自身も変化していく。これは実際にあり得ることです。こころがニューロンに影響を与えているのです。「心脳関係説」は一九八〇年代から言われるようになりましたが、物理科学と精神科学がようやく統合的に考えられる時代が来たのです。

脳科学の研究者は「脳においてすべて明らかになるのは、心理ではなく、ニューロンの解明によってのみである」と言うでしょう。昭和十五年〔一九四〇年〕に脳波が発明されて、人間の心的作用は微妙な電力で活動することがわかりました。電気生理学的に脳の活動を記録することができたのです。いまでも脳波でいろいろなことがわかります。寝ているかどうか、夢を見ているかどうか、興奮しているかどうか、てんかんを将来起こす可能性があるかどうか、この四つがわかります。

たとえば「寝られない」と相談に来る人に対して、脳波を二十四時間記録すると、寝ていることがわかる。本人は「寝ていない」と言うのに、生理学的には寝ている。これは先ほどから申し上げている、パラダイムのズレです。そういうときこそ、心理臨床家が医学領域のなかで、「寝ていない」という人にアプローチすべきですし、それはお医者さんでは処理できません。そこに臨床心理士の真髄があるのです。

さらにいえば、脳波からは、その人が何の夢を見ているのかはわかりません。米太郎《ヨネタロウ》君のこころのなかに出てくる「美代子《ミヨコ》さんの夢」はどういうものか。科学者は「ミヨコ」という発音や字をインプットしてそれを解析して、それに該当する周波が来れば「これはミヨコさんの夢だ」と言うかもしれません。そういうことは可能かもしれませんが、いまここで米太郎君が思っている「美代子さん」は、永遠にその二人だけにある世界です。そういうことは、いわゆる科学（科学的バージョン）では全くわかりません。

私たちは、科学を無視するのではなく、〝科学的バージョン〞を尊重しながら、〝体験的バージョン〞を大切にしなければいけません。〝科学的バージョン〞を背景にしながら、その人の〝体験的バージョン〞にいかに接近できるか。そこのところに臨床心理士の本当の力があらわれるのです。別な言い方をすると、臨床心理士は、因果律から自由になることが大きなスタンスなのです。

固有の研究法

臨床心理学がそういう独自性を担保するためには、固有の研究法を持っていなければなりません。戦後、日本臨床心理学会から発展して日本心理臨床学会ができて〔一九八二年〕、今年〔二〇〇六年〕は二十五周年を迎えます。学問としてやっと一人前になれたということです。その専門性を担保するのは、固有な研究法を持っているということです。それが事例研究法です。

ちなみに臨床心理の「臨床」は、クリニカルを訳したものですが、私たちは「生身の人間に関わることだ」と言っています。ところが、もともと「臨床」という言葉には、目上の者が目下の者に関わるという意味があります。えらい人が会場に来られるのを「ご臨席」というのを思い出していただいてもご推察いただけると思います。お医者さんによくある、こうした垂直的人間関係に対して、私たちは水平的な人間関係を保つことを旨としています。

事例研究において〝体験的バージョン〟は一人一人が違います。たとえば蚊を見て平気で殺す人もいれば、蚊を見て逃げる人もいる。このように個別性があるのです。〝体験的バージョン〟を踏まえた事例研究が非常に大切です。

数量的アプローチとの兼ね合い

ある人が「太陽は東から昇る」と思っていても、それは錯視であり、本当は人間のいる地球のほうが太陽の周りを廻っている。しかしながら、数字的アプローチは明確ですが、真理としては必ずしも明確ではありません。数字に対しては限りなき尊敬を持たなければいけませんが、それに対して自由であることも求められるのです。米太郎と美代子が他の三人と一緒にサークル活動を五人でしていたとしましょう。しかしそのうち三人が何らかの事情で抜けたとしましょう。新入生を勧誘して、三人入り、また五人になった。これは数学的には２＋３＝５です。しかし、「あんな奴は入らないほうがよかった」となれば、〝体験的バージョン〟としては２＋３＝マイナス１といえるかもしれないのです。

このように、数字はもっとも美しい言葉である、ということも知っておきながら、つまり〝科学的バージョン〟を大いに勉強したうえで、〝体験的バージョン〟を尊重して生かしていただきたいものです。

一人一人の意味を明らかにする

臨床心理における事例研究には、他の学問や実践活動と競合するようでありながら、まったく違う面もあります。

事例研究のひとつに、現在「証明された」と言われている学説を担保する実例を事例にあげて行う研究があります。理論・先行学説をバックアップするための典型的な事例研究です。もうひとつの事例研究は、既存の学説に対する反論としての事例研究です。このふたつが、いままでの一般的な事例研究でした。いわゆるケース・スタディといわれるものです。

しかしこれから私たちが臨まなければならない事例研究は、「その人のことを研究する」研究です。たとえば、美代子という子どもが「三の字がつく玩具」ばかり集めて喜んでいる。美代子なればこそ、そういうことが起きるわけです。では、美代子という人は「三という数字そのもの」に必ず反応するのかというと、必ずしもそうとは限りません。これは〝科学的バージョン〟では明確化できませんが、〝体験的バージョン〟においては、まさにその子にとって「意味」があることとして同定できるのです。このように、臨床心理の事例研究は、一人一人の意味を明らかにするひとりひとりの人間の科学といえましょう。

事例研究は、個性記述的（イデオグラフィック）で、質的研究といえます。これに対立するのは、法則定位的（ノオモセティック）で、量的研究です。帰納法的アプローチと演繹的アプローチ。操作的研究では一般論から個になりますが、事例研究では個別から一般化への営みとなります。これまでは科学的な客観性が大事にされてきましたが、いまは微妙に変わってきています。

主観性とは主体的関わりです。自分が主人となって理解するわけです。それに対して客観的理解というのは、お客さんの立場で人間を理解することです。私の常に主張している、心理臨床における「三人称的（客観的）認識」から「二人称的（主観的）認識」に至ろうとする姿そのものです。私たちの前に来られた悩める人を「お客さん」と思ってはいけません。そうなると客観的な関わりになってしまいます。「ひとつの客体」として人間を見てはいけません。「生身の人間」として接しなければいけません。そうして関わりながら観察することこそが、臨床心理固有のアプローチなのです。

すべてに意味がある

いまここで私は、皆さんとお話をしていますが、この時間は二度と来ません。これは運命的な出会いです。ユングやフロイトと同じ流れである深層心理学者のレオポルド・ソンディが「運命とは選択である」と言いました。私がここで話しているのも、皆さんがここで聴いておられるのも、選択です。いまここにあるのは、選択と選択による、運命的な出会いなのです。

運命は前から来ます。絶対に後ろからは来ません。後ろから来るのは、宿命です。宿命にはたくさんのものがあります。五七億年前まで遡らなければいけません。その頃、太陽が爆発しました。太陽の周りを地球が廻って落ち着いたあと、水素と酸素と炭素からタンパク質ができ、三七億年前に細胞が生まれて、生命体が出来た。そして五～六百万年前に現生人類（ホモ・サピエンス）であるわれわれ人間の直接の先祖が出てきた。人間はこうした宿命にあります。

色も科学的な波長ではなく、それぞれに「意味」があると私たちカウンラセーはとらえます。原因（宿命）的な理解をするのではなく、それをどう意味づけるのか。意味（運命）の追求が大切です。

先ほど、寝ているかどうかは脳波でわかるという話をしましたが、「脳波を見るとあなたは寝ている。それなのに、なぜあなたは寝ていない、眠れないというのか」と言っては絶対に駄目です。原因追求的・因果律的アプローチは、心理臨床の実践ではタブーです。そうではなく〝体験的バージョン〟こそが大事です。

WHYからHOWへ

不登校の子にも、「なぜ学校に行かないのか」という聞き方をしてはいけません。原因を追求するのではなく、「この子にとって、学校に行かないことにどのような意味があるのか」というスタンスが、心理臨床的アプローチです。「なぜ（WHY）」という問いかけよりも「いかに（HOW）」という問いかけです。

あるいは、デジタルとアナログという視点からいえば、このような例をあげられるのではないでしょうか。時計の長針が12を指し短針が3を指していた場合、これを「三時」と答えるのがデジタル的な認識です。それに対して、12を指す長針と3を指す短針をパッと見て「おやつの時間」と答えるのがアナログ的な認識です。デジタルとは、1＋1＝2という数量的加算をひたすら行うもので、明確ではあるのですが、そこには全体的なアプローチが全くありません。アナログ的アプローチは臨床心理がこれからも大切にしなければいけない「ナラティブ的・個別的理解」ともいえる、たいへん重要なものだと考えられます。

最後に重ねて申し上げておきますが、人間科学と物質科学を分けてはいけません。分けてから両者を統合するのではなく、物質科学の知識をふまえたうえで人間科学的にアプローチするのが臨床心理であり、事例研究の真髄だと思います。

また、そうであるがゆえに、固有の原理（プリンシプル）とそれを担保する固有な研究法（百人いれば百通りの研究が求められる事例研究法）があるのです。また、そうであるがゆえに臨床心理学は、単に応用心理学の一領域に留まるものではない「実践人間科学」として成立するといえるのではないでしょうか。それは、古典的な心理学からの誤解を避けるためにあえてこれを「心理臨床学」と呼称していることの、秘めた背景といえるかもしれません。

著者略歴（本書掲載順）

河合隼雄（かわい・はやお）

1928年生まれ、京都大学理学部卒業。
京都大学教育学博士、京都大学名誉教授。
ユング派分析家、臨床心理士。
国際日本文化研究センター所長、文化庁長官を歴任。

山中康裕（やまなか・やすひろ）

1941年生まれ、名古屋市立大学大学院医学研究科卒業。
医学博士、京都大学名誉教授。臨床心理士。
京都ヘルメス研究所所長。帝塚山学院大学大学院客員教授。

田嶌誠一（たじま・せいいち）

1951年生まれ、九州大学大学院博士課程修了。
博士（教育心理学）、九州大学大学院人間環境学研究院教授。
臨床心理士。

氏原寛（うじはら・ひろし）

1929年生まれ、京都大学文学部卒業。
学術博士、帝塚山学院大学大学院教授。臨床心理士。
帝塚山学院大学大学院心理教育相談センター長。

大塚義孝（おおつか・よしたか）

1931年生まれ、金沢大学法文学部哲学科（心理学専攻）卒業。
学術博士、京都女子大学名誉教授。臨床心理士。
帝塚山学院大学大学院人間科学研究科科長。
財団法人日本臨床心理士資格認定協会専務理事。

新曜社

心理臨床の奥行き

帝塚山学院大学大学院〈公開カウンセリング講座〉③

初版第1刷発行 2007年8月17日 ©

著 者 河合隼雄・山中康裕・
田嶌誠一・氏原寛・大塚義孝

発行者 塩浦 暲

発行所 株式会社 新曜社
〒101-0051 東京都千代田区神田神保町2-10
電話(03)3264-4973(代)・FAX(03)3239-2958
e-mail info@shin-yo-sha.co.jp
URL http://www.shin-yo-sha.co.jp/

印刷・製本 株式会社 太洋社 Printed in Japan

ISBN 978-4-7885-1064-7 C1011

新曜社“臨床の現場から”好評ラインナップ

河合隼雄・大塚義孝・氏原寛・一丸藤太郎・山中康裕 著
心理臨床の知恵
帝塚山学院大学大学院〈公開カウンセリング講座〉①
Ａ５判216頁／1900円＋税

心理臨床の創造力
援助的対話の心得と妙味
岡昌之 著
四六判232頁／2400円＋税

心理療法とこころの深層
無意識の物語との対話
横山博 著
Ａ５判298頁／3500円＋税

家族の変容とこころ
ライフサイクルに添った心理的援助
村瀬嘉代子 監修
Ａ５判208頁／2000円＋税

河合隼雄・大塚義孝・成田善弘・藤原勝紀・氏原寛 著
心理臨床の眼差
帝塚山学院大学大学院〈公開カウンセリング講座〉②
Ａ５判216頁／1900円＋税

http://www.shin-yo-sha.co.jp